KB008769

그것은 죽고 싶어서가 아니다

그것은 죽고 싶어서가 아니다

논쟁으로 읽는 존엄사

유영규, 임주형, 이성원, 신융아, 이혜리 지음

북콤마

차례

2부
안락사 주요 사건과 쟁점
: 죽음을 권리의 문제로 인식하다 109

일러두기

1. 책에 등장하는 한국 사례 중 환자와 가족, 친구의 이름은 대부분 가명이다. 간혹 실명을 밝힐 경우 따로 실명임을 적시했다.

2. 환자와 친지들의 나이는 인터뷰와 취재를 진행할 당시의 나이다.

3. 이 책의 2부에서 안락사 주요 사건과 관련한 사진을 소개할 때 숨진 당사자의 사진보다는 가족과 핵심 조력자 같은 주위 사람들의 사진을 우선적으로 선택했다. 한 개인의 선택에 그치지 않고 사회에 큰 영향력을 끼친 사건임을 보여주려는 취지였다.

존엄한 죽음이란 스스로가
삶과 죽음의 주체가 될 때 가능한 것

탐사기획부 회의에 처음 존엄사 기획안을 올렸던 게 2년 전 이 맘때다. 우리는 '간병 살인, 154인의 고백' 연재를 끝내고 다음 아이템을 찾고 있었지만, 누구도 이 기획에 선뜻 나서지 못했다. 어렵고 무거운 주제에서 벗어나고 싶은 마음이 컸고, 어떻게 취재하고 기사를 쓸 수 있을지도 영 막막했다. 그럼에도 이를 주제로 삼은 것은 독자들이 원했기 때문이다.

사실 '안락사'는 가족 간병의 실태를 다룬 '간병 살인, 154인의 고백' 시리즈의 기획 단계 때부터 언급됐지만, 애써 외면한 주제였다. 그러나 '간병 살인' 시리즈가 나간 후 안락사 문제를 기사화해달라는 여러 통의 메일을 받았고, '안락사 허용'을 원하는 댓글도 이어졌다. 독자들이 우리에게 내준 숙제로 받아들였다.

죽음의 질은 곧 마지막 삶의 질이다. 그러나 안타깝게도 우리나라는 발달한 의료 수준에 비해 죽음의 질이 낮다. 76퍼센트가

'병원 객사'를 하는 현실에서 죽음을 준비하는 이가 드물다. 지금도 수많은 환자들이 가족들과 마무리할 시간도 없이 통증을 견디다 세상을 떠난다.

우리는 존엄사라는 큰 틀에서 안락사를 본격적으로 다뤄보기로 했다. 우리나라에서 안락사 논의가 제대로 이뤄지려면 매우 구체적이고 현실적인 문제로 다뤄야 한다고 생각했다. 그렇지 않으면 생명 윤리 논쟁과 같은 피상적 논의에 그칠 수 있었다. 당시 호주의 생태학자였던 데이비드 구달 박사가 104세 나이로 스위스로 건너가 조력자살을 선택한 사실이 국내에도 알려져 화제가 됐지만, 이를 우리가 직면한 문제로 보여주려면 한국인의 사례를 찾아야 했다. 그때까지만 해도 안락사를 선택한 한국인 이야기는 한 번도 들은 적이 없었다.

취재를 시작했다. 처음에는 스위스에 있는 외국인 조력자살 지원 단체인 디그니타스에 가입한 한국인 한 사람이라도 만나자는 생각으로 시작했는데, 취재 과정에서 한국인 2명이 안락사를 한 사실을 확인했다. 이것만으로도 충분한 기삿감이었기에 이쯤에서 취재를 접고 기획안을 올렸다. 그러나 부장은 안락사로 생을 마감한 한국인이 누구인지, 왜 스위스로 갈 수밖에 없었는지에 대해 취재가 될 때까지는 기사를 쓸 수 없다며 그저 계속 알아보라고 했다. 5개월의 시간이 흘렀고, 친구의 안락사 여정에 동행한 분을 만나 어렵사리 인터뷰할 수 있었다. 안락사 동행기 '케빈의 편지'가 나온 배경이다.

한국과 스위스에서 2000명가량의 생각을 직간접적으로 들었다. 존엄한 죽음을 위해 안락사를 허용하자는 사람이 있었고, 부작용을 우려하거나 종교적 신념에 따라 반대하는 사람도 있었다. 충분한 논의와 토론을 거쳐 결정하자며 입장을 유보하는 이들도 있었다.

정답은 없다. 스위스처럼 안락사를 전면 허용하자고 주장하는 것도 아니다. 연명의료결정법, 소극적 안락사, 적극적 안락사, 조력자살 이런 용어 때문에 마치 죽음에도 제도가 필요한 것처럼 보이지만, 본질은 모두가 인간답게 살다가 인간답게 죽는 걸 의미한다. 어떤 것이 존엄한 죽음인지 우리 사회가 성역 없이 고민하고 토론해봤으면 한다. 책은 그런 논쟁의 출발점이었으면 한다.

우리의 취재 기록을 책으로 남겼으면 좋겠다고 처음부터 생각했지만, 책으로 나오기까지는 생각보다 많은 시간이 걸렸다. 신문에 연재한 것보다 두 배 이상 분량을 늘렸고, 해외 각국에서 있었던 굵직한 존엄사 논쟁 사건도 담았다. 읽다 보면, 존엄한 죽음이란 본인 스스로가 삶과 죽음의 주체가 돼야 가능하다는 중요한 사실을 발견할 수 있을 것이다. 기사에 담지 못한 취재 과정과 뒷이야기를 상세히 복기하고, 우리가 느꼈던 고민도 있는 그대로 담았다. 취재 과정에서 있었던 많은 일 중에는 밝히지 못한 것도 있다. 언젠가 풀어놓을 기회가 오면 좋겠다.

이 책의 모태는 2019년 3월 6일부터 3월 13일까지 서울신문이 보도한 '존엄한 죽음을 말하다' 연재 기사다. 이 기사가 나올 수 있었던 건 마감 시한에 쫓기지 않고 원 없이 취재할 수 있었기 때문이다. 설령 실패하더라도 그 경험은 편집국의 자산이 될 거라며 믿고 기다려준 박찬구 당시 편집국장에게 감사드린다. 우리의 공백을 메우느라 두 배로 일했을 동료와 선후배들에게는 미안함과 고마움을 느낀다. 스위스 취재를 함께하며 이를 영상으로 기록한 소셜미디어랩 김형우 씨, 고맙다.

번번이 마감 시한을 놓치는 필자들을 끝까지 독려하며 한 권의 책으로 완성한 북콤마 임후성 대표에게도 감사의 마음을 전한다. 책 구석구석에 그의 세심함이 배어 있다.

참으로 어려운 일이었을 텐데 사회적 메시지가 있을 거라며 친구의 안락사 동행 여정을 솔직히 전해준 케빈에게 고맙다. 아픈 몸을 이끌고 스위스까지 가서 안락사를 결정한 이들에게는 애도를 표한다.

이 책을 함께 쓴 유영규 부장과 임주형·이성원 선배, 후배 이혜리와 한 팀으로 일한 시절을 잊지 못할 것이다. 말로 다 표현하긴 쑥스러워 이심전심이라는 말로 줄인다.

2020년 10월 신융아 쓰다

1부
———

조력자살을 위해
스위스로 간 한국인

2023년 4월 기준, 스위스에서 최소 10명의 한국인이 조력자살을 돕는 4개 단체의 도움을 받아 사망한 것으로 확인됐다. 디그니타스에서 5명, 페가소스에서 4명, 라이프서클에서 1명이 각 단체의 도움을 받아 사망했다. 엑시트인터내셔널을 통한 사망자는 없었다.

스위스 4개 단체에 가입한 한국인은 300명 정도로 추정된다. 디그니타스는 136명, 엑시트인터내셔널은 55명, 라이프서클은 13명의 한국인 회원을 두고 있었다. 페가소스는 한국인 회원 수를 공개하지 않았지만 한국인 사망자 수가 디그니타스와 엇비슷한 것을 보면 100여 명이 가입해 있을 것으로 보인다. 필자들이 2019년 3월 최초 보도했을 당시의 한국인 가입자 107명에서 세 배가량 늘어난 것이다. 특히 디그니타스에는 한국이 아시아 국가 중 가입자 수가 가장 많았다.

지난 25년간(1998~2022년) 디그니타스를 통해 조력자살을 한 사람은 총 3666명으로 독일인 1449명, 영국인 531명, 프랑스인 499명, 스위스인 226명, 이탈리아인 207명이었다.

**

본격적으로 이야기를 시작하기 전에 이 책에 등장하는 주요 단어들에 대해 설명부터 해야 할 것 같다. 존엄사, 안락사(소극적·적극적), 조력자살. 사전적 의미보다는 현행 법률과 사회 통념에 맞게 풀어서 설명하는 것이 적절해 보인다.

존엄사　우리나라에서 존엄사법이라고 하면 2018년 2월 시행된 연명의료결정법(호스피스·완화의료 및 임종과정에 있는 환자의 연명의료 결정에 관한 법률)을 말한다. 연명의료결정법에선 임종 과정에 있는 환자가 심폐 소생술, 인공호흡기, 혈액 투석, 항암제 두여 등의 연명의료를 무의미하다고 느끼고 원치 않을 경우 이를 중단할 수 있도록 하고 있다. 이처럼 적용 대상이 말기 환자나 식물인간 상태가 아니라 '임종 과정에 있는 환자'로 매우 좁게 한정돼 있다. 소극적 안락사와 적극적 안락사까지 존엄사로 보는 관점에서 연명의료 중단은 가장 낮은 단계의 존엄사라고 할 수 있다. 미국 오리건주에선 조력자살을 허용하는 법을 '존엄사법'이라고 부르는 등 해석의 범위가 넓다.

소극적 안락사　식물인간 상태처럼 의식이 없는 환자에게 영양 공급 같은 생명 유지에 필요한 치료를 중단해 죽음에 이르게 하는 것으로, '임종기 환자에 대한 무의미한 연명의료 중단'보다 한 걸음 더 나아간 개념이다. 2005년 3월 미국의 테리 샤이보 사건이 대표적이다. 15년간 식물인간 상태로 있던 테리 샤이보라는 여성이 영양 공급 튜브를 제거하라는 법원의 판결에 따라 숨지게 됐다.

적극적 안락사   말기 환자나 식물인간 상태의 환자에게 영양 공급이나 치료를 중단하는 소극적인 행위를 넘어 의사 등 '타인이' 치명적인 약을 처방하거나 주입함으로써 생명을 단축하는 방식이다.

조력자살(또는 의사 조력 사망)   회복할 가능성이 없는 말기 환자가 고통을 덜기 위해 의사에게서 치명적인 약이나 주사를 처방받아 '스스로' 목숨을 끊는 경우로 적극적인 안락사로 볼 수 있다. 환자가 극약 처방 같은 의사의 도움을 받더라도 복용은 직접 해야 한다는 점에서 적극적 안락사와 구분하기도 한다. 유럽 등지에선 제2차 세계대전 당시 나치 독일이 자신들이 자행한 홀로코스트(유대인 대학살)에 안락사라는 단어를 악용한 까닭에 '조력자살'과 '(적극적) 안락사'를 엄격히 구분해 사용한다. 하지만 우리나라에서는 아직 안락사에 대한 미세한 구분이 없기에 이 책에서는 조력자살 역시 안락사와 같은 개념으로 쓰기로 한다.

박정호와 케빈

2016년과 2018년에 한국인 2명이 스위스에서 조력자살로 생을 마감했다. 우리는 2018년 10월 '한국인의 존엄한 죽음'에 대해 취재하다가 외국인의 조력자살을 돕는 글로벌 단체를 모두 확인하는 과정에서 스위스에서 조력사살을 삼행한 한국인 2명이 있다는 사실을 확인했다. 취재 중에 스위스의 조력자살 지원 단체인 디그니타스(DIGNITAS)는 "조력자살을 한 한국인이 2016년과 2018년에 각각 1명씩 있었다"고 밝혔다. 다만 개인정보를 보호해야 한다는 이유에서 사망자와 관련한 일체의 정보는 공개하지 않았다. 한국인이 해외에서 조력자살로 숨진 것을 공식 확인한 것은 이때가 처음이다. 2018년 2월부터 우리나라에서도 연명의료를 중단할 수 있게 한 연명의료결정법이 시행되면서 존엄사나 웰다잉, 그리고 안락사에 관한 이야기가 심심찮게 나왔지만, 실제 한국인이 해외에서 조력자살을 선택한 것은 처음 있는 일이다.

스위스는 1942년부터 자국민뿐 아니라 외국인을 대상으로 한 조력자살도 허용하고 있다. 그동안 찬반 논의가 이어져왔지만 2006년 스위스 연방대법원이 안락사를 최종적으로 인정하면서 논란이 마무리됐다. 영화 '미 비포 유'에서 교통사고를 당해 전신 마비가 된 남자 주인공이 삶을 마무리하기 위해 영국을 떠나 찾아가는 곳이기도 하다. 현재 스위스에선 디그니타스와 이터널 스피릿(Eternal Spirit) 같은 단체들이 외국인 조력자살을 돕고 있다. 2018년 호주의 식물학자인 데이비드 구달이 104세의 나이에 안락사를 위해 스위스를 찾았을 때 조력자살을 도운 엑시트인터내셔널(Exit International)[1] 같은 곳도 있다. 당시 구달 박사는 특별히 아픈 데가 없는데도 존엄한 죽음을 맞겠다며 공개적으로 안락사를 위한 스위스행을 알렸고, 스위스로 향하는 도중 언론과 실시간 인터뷰를 해 많은 화제를 남겼다.

취재해보니 디그니타스 외 다른 단체에는 현재(2019년 3월)까지 한국인 조력자살자가 없었다. 그래도 디그니타스와 엑시트인터내셔널에 가입한 한국인 회원이 각각 47명, 60명 있었다. 즉 이미 숨진 2명 외에 향후 해외에서 조력자살을 준비하거나 기다리는 한국인이 107명이나 된다는 말이었다. 한편 우리는 스위스 주재 한국대사관에 스위스에서 한국인이 조력자살을 한 사실을 확인해달라고 요청했지만, 알지 못한다는 답변만 받았다.

---

1 '엑시트(EXIT)'는 1982년 스위스에서 설립된 단체로 자국인들을 대상으로 조력자살을 지원한다(https://exit.ch/en/). 1997년 필립 니츠케가 네덜란드에서 설립한 안락사 지원 단체인 '엑시트인터내셔널'과는 다른 곳이다(https://exitinternational.net/). 1980년에 스코틀랜드에서 세워진 '엑시트(exit)'라는 동명의 안락사 지원 단체도 있다.

그 후 우리는 두 한국인이 왜 스위스로 마지막 여행을 떠날 수밖에 없었는지, 그리고 그들이 어떤 과정으로 삶을 마감했는지를 그들의 행적과 함께 추적했다. 2019년 1월에는 스위스 현지 취재를 진행했다. 이 과정에서 공무원 출신인 40대 남성 박정호(가명)의 신원을 파악할 수 있었다. 말기 암 환자였던 그는 한 달간 준비한 끝에 스위스로 향해 삶을 마감했다. 우리는 또 박정호의 안락사를 위해 스위스까지 동행했던 친구 케빈(가명)도 만날 수 있었다.

안락사를 주제로 기획안을 제출하고 실제 보도를 하기까지 6개월가량의 시간이 걸렸다. 그 과정에는 취재하고 기사를 쓴 시간뿐 아니라 삶과 죽음에 대한 깊은 고민과 이 첨예한 문제를 어떤 시각에서 어떻게 보도할 것인지에 관한 치열한 토론이 있었다. 우리가 왜, 그리고 어떻게 한국인의 조력자살에 관해 탐사기획 보도를 하게 됐는지, 그 길고 긴 과정은 뒤에서 풀기로 하고, 먼저 케빈의 편지로 이 이야기를 시작하고자 한다.

케빈은 우리가 서울신문에 연재한 기획 '존엄한 죽음을 말하다'의 핵심 취재원이자 스위스에서 안락사한 한국인 박정호의 친구다. 그는 조력자살을 선택한 친구와 함께 스위스 취리히까지 동행하면서 조력자살의 과정을 가장 가까이서 지켜본 한국인이다. 디그니타스에서는 조력자살을 '동행자살'이라고 부른다. 단순히 죽음을 돕는 것이 아니라 마지막 여정을 함께한다는 의미다. 케빈은 친구의 마지막 순간에 '동행자'가 돼준 것이다.

케빈과 박정호는 20년 지기다. 두 가족이 가끔 함께 여행을 갈 정도로 가까웠지만 박정호의 암 투병이 시작되면서부터 자주 만나지 못했다. 그러던 중 박정호에게서 오랜만에 반가운 전화가 걸려 왔다. 박정호는 대뜸 온몸이 부서질 듯한 통증 때문에 안락사를 선택하고 싶다고 했다. 그러면서 스위스에 함께 가줄 수 있느냐고 물었다. 케빈은 친구의 결심이 이미 굳은 걸 느끼고 고민한 끝에 그의 마지막 여행에 동행하기로 했다. 타인의 자살을 도운 죄로 처벌을 받을 수 있지만, 거절하기엔 친구의 부탁이 너무도 간절했다. 케빈은 스위스에서도 끝까지 친구의 선택을 말렸지만, 박정호는 결국 그의 방식대로 삶을 마감했다.

다음은 케빈이 우리에게 보내온 편지다. 그가 전한 이야기를 통해 우리는 박정호가 왜 스위스까지 갈 수밖에 없었는지, 그리고 함께한 친구의 마음은 어땠을지 조금이나마 짐작해볼 수 있다. 그가 처음 케빈이라는 이름을 썼기에 그 이름을 그대로 사용했다. 케빈의 편지를 최대한 원문을 살려 여기에 옮긴다. 케빈의 요청 등을 고려해 안락사를 한 이의 나이, 가족 관계, 직업 등 구체적 신원과 사망일 등은 적지 않았다. 케빈이 전하는 박정호의 마지막 여정을 따라가보자.

저는 한국의 평범한 40대 가장입니다.

스위스에 다녀온 지 시간이 꽤 흘렀습니다. 지금도 제가 한 일이 잘한 일인지, 잘못한 일인지, 아니면 잘잘못을 따질 수 없는 일인지 모르겠습니다. 그렇지만 후회하지는 않습니다. 제가 편지를 쓰는 이유는, 어쩌면 우리 사회에서 너무나 앞서간 제 친구의 선택이 우리 사회에 던져주는 의미가 있다고 생각하기 때문입니다. 저는 우리의 현재와 미래를 위해 친구의 용기를 사회적으로 헤아려 줘야 한다고 생각합니다.

제 친구의 이름은 박정호입니다. 저는 정호와 함께 말기 암 환자 등에게 조력자살을 도와주는 스위스에 있는 디그니타스라는 단체에 다녀왔습니다. 이제 친구는 더 이상 이곳에 없습니다.

어느 날 오랜만에 정호로부터 전화가 왔습니다. 무척 반가웠습니다. 안부를 묻고 답하다가 대뜸 스위스에 같이 가줄 수 있느냐고 했습니다. 오랫동안 암 투병을 해오던 걸 알았기에 저로서는 그 제안이 무척 반갑고 고마웠습니다. 그 기쁨이 잠시 뒤 눈물로 변할 줄은 상상도 못 했습니다. 전화를 끊고 거실에 있는 컴퓨터 앞에 앉은 저는 니무나 떨렸습니다. 친구기 얘기한 이해할 수 없는 단어들을 끄집어내려고 애썼습니다. 너무 혼란스러워 다 기억나지는 않았는데, 처음에 인터넷에 입력한 단어는 '스위스'와 '안락사'였던 것 같습니다. 검색어 아래로 충격적인 글과 사진, 동영상들이 나타났습니다. 검색된 글들을 읽다가 '조력자살'과 '디그니타스'라는 단어를 보는 순간 친구가 했던 이야기들이 이해가 됐습니다. 가슴이 뛰고 눈물이 콸콸 쏟아졌습니다. 디그니타스 직원에게서 넘겨받은 약물을 환자가 스스로 마시고 곧 잠에 드는 듯 눈을 감고 고개를 떨구는 모습은 충격적이었습니다. 제 친구가 죽음을 준비하고 있다는 사실 자체에 마음이 아팠

습니다.

　제 친구는 시한부 삶 선고를 받았습니다. 자신의 병세가 더 심해졌을 때 나타날 고통을 몹시 두려워했습니다. 한번은 제게 물에 빠져본 적 있느냐고 묻더군요. 그러면서 상태가 더 악화되면 자신은 결국 익사하는 고통 속에서 죽게 될 거라며 그 전에 평화롭게 삶을 마감하고 싶다고 했습니다. 친구와의 대화 속에서 가족이 겪을 고통과 경제적 부담도 내심 걱정하고 있다는 것도 느꼈습니다. 스위스까지 같이 가줄 수 있느냐는 말에 '아니'라고 할 수 없었습니다. 친구는 제가 법적인 문제에 휘말릴 수도 있으니 안 가도 된다는 말도 했지만, 세가 가겠다고 하자 진심으로 기뻐하는 것을 알 수 있었습니다.

　전화를 받고 난 얼마 뒤 친구 집으로 갔습니다. 직접 보기는 꽤 오랜만이었지요. 친구는 이전보다 훨씬 불편해 보이긴 했지만, 말도 잘하고 고집도 있고 아주 똑똑해 보였습니다. 우리는 밖으로 나가 계절의 변화도 느끼고 차를 운전해 이곳저곳 둘러

보기도 했습니다. 만나서 그저 농담하고 이야기하니 예전처럼 즐거웠습니다. 친구와 죽음이라는 단어는 도저히 어울리지 않았습니다.

우리는 한 달 동안 여행을 준비했습니다. 스위스로 떠나는 날 아침에는 비가 쏟아졌는데, 출국장에 먼저 도착해 저를 기다리고 있던 친구의 표정은 밝았습니다. 이미 친구의 몸이 많이 불편했기 때문에 우리는 공항 직원의 도움을 받아 탑승했고, 12시간이 넘는 힘든 비행 끝에 취리히 공항에 도착했습니다.

우리가 스위스에서 보낼 수 있는 기간은 그리 길지 않았습니다. 사실 낯선 그곳에서 아픈 친구를 데리고 뭘 해야 할지 잘 몰랐습니다. 호텔에서 가만히 있기가 뭣해 빌린 차를 끌고 일단 나섰습니다. 우리 중 누가 먼저 말했는지 기억나지 않지만 며칠 후 그가 죽을 장소에 가보기로 했습니다. 차량 내비게이션의 안내에 따라 시내를 빠져나와 힌적한 교외를 한참 달리니 파란색 2층 집(블루하우스)이 나왔습니다. 그 집 앞에 도착하는 순간 차에서 못 내릴 정도로 몸이 오싹했습니다. 우리는 차에 앉은 채로 파란색 집을 바라만 보다가 시내로 돌아왔습니다. 기분이 묘했고, 안 좋았습니다.

다시 돌아와 시내 구경을 했습니다. 양껏 시켜놓고 냄새 때문에 몇 점 먹지도 못한 스위스 퐁듀 맛도 보고, 피자도 먹었습니다. 피자 한 접시를 다 먹는 친구를 보면서 아직은 한참 더 살 수 있을 것 같은데 내일모레 죽는 게 말이 될까, 하는 생각이 들었습니다.

서울에서 들은 대로 디데이 이틀 전에 디그니타스에서 보낸 의사 한 분이 호텔 방으로 찾아왔습니다. 의사는 제 친구가 정말 죽을 의지가 있는지와 온전한 정신 상태인지를 확인하기 위한 질문들을 했습니다. 컵에 든 물을 스스로 마셔보라고 했는데, 마지막 순간에 자신의 손으로 약물을 마실 수 있는지를 확인하는 것 같아 불편했습니다. 의사는 다음 날 또 왔습니다. 친구의 마음이 바뀌지 않았는지를 확인하기 위해서였습니다. 친구는 약을 마시고 죽기까지 시간이 얼마나 걸리냐고 물었고, 의사는 5분 안에 잠들어 30분 안에 죽을 것이라고 답했습니다. 의사는 자신이 처방한 약이 내일 디그니타스에 가면 준비돼 있을 거라고 말하고 면담을 마쳤습니다.

"서울로 돌아가자."

그날 밤 제 입에서는 결국 참고 있던 말이 터졌습니다. 12시간이나 비행기를 아무렇지 않게 타고 오고, 밥도 잘 먹고, 말도 잘 하고, 나보다 더 똑똑한 친구가 이대로 죽는다는 게 말이 안 됐습니다. 혼자서 한국으로 돌아갈 엄두도 나지 않았습니다. 집으로 돌아가고만 싶었습니다. 일단 이번에는 돌아가고 나중에 다시 함께 와주겠다며 친구의 마음을 돌려보려고 애썼습니다. 하지만 정호는 이번에 돌아가면 다시 오지 못할 것이라는 걸 직감한 듯 흔들리지 않았습니다.

그날 아침에는 비가 많이 내렸습니다. 친구는 택시를 타고 가겠다고 했고, 저는 아무 말도 하지 않았습니다. 사실 친구가 택시를 부른 이유를 저는 알고 있었습니다. 제가 서울로 돌아갔을 때 자살방조죄로 곤욕을 치르게 될까 봐 배려한 것이었습니다. 친구의 마지막 배려를 말없이 받아들인 제가 창피하고 비굴하게 느껴집니다.

정호는 호텔 방을 나서기 전 반으로 접은 메모지 하나를 주고 떠났습니다. 손으로 쓴 편지였습니다. 저는 그 편지를 한참 후에야 읽을 수 있었습니다.

정호는 택시기사의 도움을 받아 차에 올랐습니다. 차창 너머로 저를 발견한 정호가 손을 내밀며 고맙다고 했습니다. 손을 잡았지만 적절한 말이 떠오르지 않았습니다. 택시가 움직이기 시작했고 점점 시야에서 멀어졌습니다.

늘 형 같았던 친구에게

스위스까지 따라와 끝까지 설득해준 너의 뜻을 따르지 못해 미안하다. 날 위해 늘 기도하는 맘으로 돌아가자고 했던 네 마음만은 잊지 않을게. 미안하지만 난 여기서 삶을 마감하고자 한다. 너의 뜻이 신앙적으로도 옳고 하나님의 뜻이라는 점도 알지만, 그러기엔 내가 너무 유약했던 거 같아. 사랑하고 존경하는 친구야. 그 마음 영원히 간직할게. 부디 안녕하길.

스위스에서 박정호 올림

아무도 없는 호텔방에 돌아와 친구가 남긴 편지를 읽었습니다. 눈시울이 뜨거워졌습니다. '미친 놈.' 저도 모르게 욕이 튀어

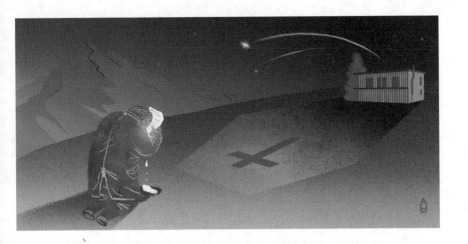

나왔습니다. 죽으려는 놈이 무슨 걱정을 이렇게 하는지, 또 이런 글을 왜 썼는지, 친구의 마음을 알기에 고마움과 함께 답답한 감정이 동시에 몰려왔습니다.

친구는 제가 서울로 돌아갔을 때 처벌을 받을까 봐 걱정했나 봅니다. 편지 속에 저를 마치 안락사에 반대하는 성직자인 양 적어 놓았더군요. 혹시 나중에 문제가 생겼을 때 선처를 바라는 탄원서를 미리 써준 것 같았습니다. 저는 친구를 끝까지 지켜주지 못했는데, 친구는 끝까지 저를 보호하려 했습니다.

그렇게 1시간 정도 지나자 지금이라도 정호가 있는 곳으로 가야겠다는 생각이 들었습니다. 대충 옷을 갈아입고, 급히 호텔방을 나서 렌터카를 몰았습니다. 시내를 빠져나와 고속도로를 달리고 있을 때, 전화벨이 울렸습니다.

"약을 먹기로 결정했어. 함께 스위스에 와줘서 고마워."

제게 자신의 죽음을 알리고 싶었던 것 같습니다. 지금 가고 있다고 말했습니다. 아무 걱정하지 말고 잘 가라고, 우리 꼭 다시 만나자고도 했습니다. 전화를 끊었는데, 도저히 운전을 할 수 없어 도로 갓길에 차를 잠시 세웠습니다. 가슴이 저린다는 게, 울음이 터져 나온다는 게 무슨 의미인지 그제야 알았습니다. 정호가 죽는다는 것에 마음이 너무 아팠습니다.

파란 이층집에 도착했습니다. 경찰 2명이 다녀간 후 디그니타스 직원의 안내에 따라 정호가 있는 방으로 들어갔습니다. 방 중간 침대에 담요를 덮고 누워 있는 정호를 봤습니다. 이미 이 세상 사람이 아니었습니다. 그는 눈을 살짝 뜬 채 창백한 얼굴로 표정이 없었습니다. 다리가 떨리고 가슴이 터질 듯 아팠습니다. 얼굴도 만져보고 손도 만져봤지만, 온기가 없었습니다. 어떻게 죽었을지 궁금했습니다. 끝까지 함께 옆에 있어주지 못해 미안했습니다. 마음이 미어졌습니다.

얼마 지나지 않아 검은색 양복에 검은색 넥타이를 한 장의사 두 분이 들어왔습니다. 직원은 제게 "잠시 나가 있어달라"고 했습니다. 밖에 나가 하늘을 봤더니 많은 생각이 들었습니다. 이렇게 사람이 죽는구나, 과연 이렇게 죽는 게 존엄하게 죽는 걸까 하는 생각도 들었습니다. 한편으로는 이제 이 사람은 고통과 걱정이 없는 완전히 자유로운 세상에서 그간 힘들었던 모든 것을 풀어놓고 평온히 휴식을 취하고 있지는 않을까 하는 생각도 들었습니다.

다시 방으로 들어갔습니다. 친구는 하얀 천과 쿠션으로 꾸며진 서양식 육각 나무관에 누워 있었습니다. 정호가 바라던 대로 모든 게 끝났다는 생각을 했습니다. 장의사들은 집 앞에 세워둔

검은색 영구차에 관을 실었습니다. 차 안에 관 하나가 더 있었는데, 알고 보니 그날 옆방에서 생을 마감한 독일인 남성의 관이었습니다. 어디로 가는지 궁금해 물었더니 디그니타스 직원은 크레마토리움(화장장)으로 간다고 했습니다. 같이 가고 싶었지만, 오늘은 갈 수 없다며 종이에 주소를 적어주며 내일 갈 것을 권했습니다. 그렇게 친구는 관에 누운 채 홀로 크레마토리움으로 갔습니다.

다음 날 아침, 시내 북쪽 화장장으로 향했습니다. 스위스 화장장은 우리나라와는 사뭇 달랐습니다. 화장만 하는 게 아니라 고인을 모시는 빈소도 있고 장례 의식을 거행할 수 있는 큰 장례식장도 있었습니다. 도착해서 5분 정도 기다렸더니 직원 한 분이 숫자 9와 고인의 이름표가 붙어 있는 방으로 안내했습니다.

방은 1.5평 정도 크기입니다. 관이 누워 있는 방향으로 길쭉했습니다. 오른쪽 벽의 탁자 위에 관이 놓여 있었고, 고인은 관에서 어제 봤던 그대로 편안히 누워 있었습니다. 그의 머리 오른쪽에서 굵고 짧은 큰 촛불이 하나 타고 있었습니다. 방은 춥지는 않았지만 서늘했습니다. 화장장 직원은 제게 괜찮으냐고 물었고, 제가 괜찮다고 하니 인사를 하고 나갔습니다. 저는 말없이 고인을 바라봤고, 그의 얼굴과 손을 만졌습니다. 어제보다 더 차가웠습니다.

무엇이 정호를 여기까지 이끌었을까요. 어쩌면 정호는 미래에 겪어야 할 고통을 회피하고 싶었던 건 아니었을까요. 병의 특성상 앞으로 몸은 점점 쇠약해지고 통증은 온몸으로 퍼져 나갔을 겁니다. 죽을 것같이 숨이 막혔겠지요. 결국 정신까지 온전하지 않게 될 거란 걸 알았을 때, 친구는 견디기 어려웠을 겁니다. 또 기약 없는 투병과 간병으로 받게 될 가족의 고통과 경제적 어려움까지 고려해 스위스에 오는 걸 결정했을 겁니다. 그는 똑똑했습니다. 물론 인간적 갈등도 그의 몫이었겠지요. 대학도 못 간 자식들을 뒤로하고 어떻게 비행기를 탔을까 생각하면 제 가슴이 무너지는 듯 아픕니다. 대단한 친구입니다.

죽음은 슬픈 일이지만, 저는 친구의 죽음을 축하하고 싶었습니다. 이것이 그가 바랐던 바일 겁니다. 호텔에서 만난 의사의 말이 떠올랐습니다. 어떠한 고통도 없이 편안한 죽음을 맞이할 거라는 말이 위로처럼 느껴졌습니다. 저는 친구를 위해 준비해온 옷을 갈아입혔습니다. 좀 더 환하고 편해 보였습니다. 친구도 제 선물을 좋아하는 것 같아 제 마음도 편해지더군요.

머칠 후 그는 한 줌의 재가 났습니다. 스위스에서 그는 자기 삶을 완성했습니다. 그의 죽음은 존엄한 죽음이었을까요. 미안한 말이지만 적어도 제게 친구의 죽음은 존엄하지 않았습니다. 다만 친구 스스로는 존엄한 죽음을 택했다고 확신합니다.

어떻게 기획하고 취재할까

　케빈과 주고받은 메일에도 썼듯 존엄사를 주제로 기획을 하게
된 배경에는 이보다 앞서 취재한 '간병 살인 154인의 고백'(서울신
문 2018년 9월 4일부터 9월 12일까지 보도)이라는 기획 기사가 있다.
오랜 간병 생활에 지친 나머지 사랑하는 가족을 죽인 사람들의
이야기를 다룬 기획이었다. 인간의 수명은 길어졌지만 늘어난 수
명만큼 삶의 질은 보장되지 않는 고령화사회의 비극적인 단면을
보여주는 사건들이었다.

　간병 살인을 한창 취재하면서 기획의 방향을 잡아가던 그해
여름 부장은 회의 중에 대뜸 "넓게 보면 안락사 문제도 짚어볼 필
요가 있다"고 말했다. 그때 부원들의 반응은 전혀 동의하지 않는
분위기였다. 일단은 간병 살인이라는 주제만으로도 취재하기에
너무 벅찼고, 게다가 안락사는 너무 와 닿지 않는 주제였다. 그때
만 해도 안락사라는 단어는 구체적인 현실의 문제라기보다 윤리

적 논쟁을 먼저 떠올리게 했다. 우리나라에서 안락사가 허용된 적이 없었고, 이를 선택한 한국인도 보지 못했기 때문이다. "간병 살인의 해법이 안락사냐"라는 물음도 자연히 뒤따랐다.

그땐 그 정도 선에서 마무리되는 것 같았다. 그런데 '간병 살인 154인의 고백' 보도를 마무리하는 전문가 좌담회에서 정형선 연세대 보건행정학과 교수가 비슷한 이야기를 꺼냈다. "우리 사회가 죽음의 선택의 문제를 놓고 같이 고민해야 할 때가 온 것 같다. 원한다면 죽음의 형태를 선택할 수 있도록 사회적으로 출구를 열어놓아야 하지 않을까. 적극적 안락사까지 포함한 죽음의 선택의 문제를 이제는 논의해야 하지 않을까 한다."

'간병 살인 154인의 고백' 시리즈가 나간 뒤 독자들이 남긴 댓글에도 안락사를 도입해야 한다는 목소리들이 나왔다. 매달 신문을 모니터링하고 평가하는 서울신문 독자권익위원회에서도 비슷한 이야기가 나왔다. 한 위원이 "간병 살인과 관련이 있을 수밖에 없는 안락사 문제를 왜 다루지 않았는지에 대한 아쉬움이 있다. 스위스는 외국인 안락사를 허용하고 있고, 우리도 18명이 신청했다고 한다. 이런 사례를 다뤘으면 좋겠다"고 말했다.

한 번도 아니고 여러 사람에게서 같은 이야기가 나온다는 건 이미 사회적 논의가 시작됐다는 걸 의미한다. 그동안 언론이 다루지 않았을 뿐이다. 실제 우리가 간병 살인 취재를 하면서 직접 만난 사람 중에는 암으로 투병하던 아내가 자살을 도와달라는 계속된 부탁에 마지막 장소에 동행한 남편이 있었다. 스위스였다면 아내는 조력자살을 선택했을지 모른다. 하지만 국내에선 남편에게 자살방조죄 혐의가 적용됐다.

때마침 2019년 2월이면 임종기 환자에 대해 연명의료를 중단할 수 있도록 한 연명의료결정법이 시행된 지 1년이 되는 시점이었다. 또다시 죽음이라는 주제를 취재해야 한다는 사실이 너무나 무겁게 느껴졌지만, 우리가 해야 한다는 의무감 같은 게 강하게 들었다. 독자들이 우리에게 내준 숙제였다. 피할 수 없었다.

문제는 어떻게 기획하고 취재할 것인가였다. 우리나라에서 안락사 논의가 제대로 이뤄지려면 현실적이고 구체적인 사례를 제시해야 했다. 그러지 않고서는 또다시 생명 윤리에 관한 가치 판단 논쟁만 하다가 끝나게 될지도 몰랐다. 당시 2018년 5월 호주의 데이비드 구달 박사가 104세의 나이로 스위스로 건너가 조력자살을 선택했다는 사실이 국내에서도 화제가 됐지만, 이 같은 외국 사례들이 진짜 '우리 모두'의 이야기로서 우리 독자들에게 힘 있게 전달될 수 있을지는 의문이었다. 우리가 이 기획을 끌고 나가려면 이런 '한국인'을 찾아서 그 사람의 이야기를 충분히 듣는 것이 첫 번째였다.

그러나 아무리 인터넷을 검색하고 도서관을 뒤져도 우리나라에서 안락사를 지지하는 시민단체도, 온라인 커뮤니티도 찾을 수 없었다. 안락사와 관련한 정확한 정보도 없었고, 일부 암 환자 단체나 온라인 커뮤니티에서 회원들끼리 관련 의견을 주고받는 정도가 전부였다. 중고등학교에서도 안락사에 관한 찬반 토론을 벌이는데 정작 언론에서는 그동안 단 한 번도 이를 제대로 다룬 적이 없었다는 점도 새삼 놀라웠다. 과연 이 기획이 기사로 나올 수나 있을까 하는 의문이 들었다. 대신 이 취재가 성공하기만 한다면 매우 의미 있는 기사가 될 것은 분명했다.

우선 서울신문 독자권익위원회 위원이 얘기한 '스위스에 안락사를 신청한 한국인 18명'이 단초가 되었다. 검색했더니 스위스에서 조력자살을 돕는 디그니타스라는 비영리 단체가 있다는 정보가 나왔다. 여기서 나온 한국인 18명은 정확히 말해 디그니타스에 가입한 한국인 회원의 수였다. 디그니타스의 홈페이지에 올라와 있는 자료들을 샅샅이 읽고 질문을 준비해 디그니타스에 메일을 보냈다. 요지는 한국인 회원을 만나는 것이었다. 이것이 존엄사 취재의 시작이었다.

앞서 말했듯이 우리는 이때 한국인 2명이 스위스에서 조력자살로 숨진 사실을 확인했다. 우리는 이번 일이 죽음을 논하는 데 보수적이었던 한국 사회에 안락사 허용 논의에 대한 화두를 던지는 계기가 될 것으로 봤다. 이는 새롭고 또 매우 중요한 사실이라는 점을 알았지만, 곧바로 이 두 사람의 행적을 찾아봐야겠다는 생각은 하지 못했다. 디그니타스가 고인의 정보를 직접 알려주지 않는 한 찾을 방법이 없다고 보는 편이 합리적이기 때문이다. 기자들은 때때로 새로운 정보를 접하지만 들이는 품에 비해 결과가 확실치 않다고 판단하면 빨리 포기하는 데 익숙하다. 매일매일 기사를 마감하는 압박에 시달리는 일간지 기자들에겐 빨리 판단하고 결정을 내리는 일도 필수적인 능력이다.

그래서 처음에는 디그니타스에 가입한 한국인 회원이 있는지를 알아보는 데 집중했다. 디그니타스에 협조를 요청하는 메일을 보내고, 인터넷을 검색하고, 환자 단체 등을 통해 수소문하면서 두세 명의 한국인 회원과 연락이 닿아 인터뷰도 할 수 있었다. 그 정도면 기사를 쓰기엔 충분했고, 그것만으로도 이미 국내에서 보도된 존엄사 관련 기획 기사 중에서 가장 깊이 들어갔다 할 수 있었다. 스위스에서 안락사를 택한 한국인이 2명 있었다는 사실만 갖고도 충분히 센세이션을 불러일으킬 만한 기사가 나올 수 있었다.

이쯤 해서 부서에 기획안을 올렸다. 2018년 11월 초에 낸 기획안을 보면 먼저 디그니타스 한국인 회원의 인터뷰와 선진국의 존엄사 사례를 짚고, 이어 국내의 임종 실태를 심층 취재하는 쪽으로 구성했다. 이미 국내 상황에 대한 취재도 꽤 진행했고 디그니타스 한국인 회원까지 만나 인터뷰까지 했으니 그 정도로도 괜찮은 기획 기사를 만들 수 있겠다 싶었다.

그런데 부장은 스위스에서 안락사를 한 한국인을 찾지 못하면 이 기획은 진행하기 어렵다며 더 찾아보라고 했다. 아무런 단서도 없는 상황에서 스위스에서 사망한 한국인을 대체 무슨 수로 찾는다는 말인가. 만약 그 한국인을 찾지 못하면 지금까지 취재한 것마저 그냥 엎어버리겠다는 건지 이해할 수가 없었다.

무엇보다 '간병 살인' 기획을 마무리한 뒤 다음 기획을 정하지 못한 채 시간이 두 달이나 지나버렸다. 직장인으로서 눈에 띄는 진척 없이 시간을 보내는 것만큼이나 큰 부담도 없다. 관심 반, 눈총 반이 섞인 말들, '어떤 기획을 내놓으려고 그러냐' '너무 완벽히 하려 하지 말고 일단 기사를 내보라'는 주변의 압박도 슬슬 들어오기 시작하던 때였다.

우리는 사망한 한국인을 찾지 못할 가능성이 훨씬 크다고 생각하면서도 취재를 계속해나갔다. 다행히 부장은 밖에서 어떤 압박이 들어와도 우리를 잡죄지 않고 꼼꼼히 취재할 시간을 주었다. 모래밭에서 바늘을 찾는 것만큼이나 막막한 작업이 하루하루 이어졌다.

우리가 가진 유일한 단서의 끈은 디그니타스였다. 그리고 또한 곳, 스위스 주재(베른) 한국대사관 정도가 사망한 한국인을 알가능성이 있다고 판단했다. 통상 한국인이 해외에서 사망하면 현지 조사와 국내 입국 과정에서 영사의 도움이 필요하기 때문이다. 한편으로는 인터넷 검색을 하고 환자 단체 등에 문의하며 수소문하기도 했다.

디그니타스는 개인 신상에 관한 한 본인이나 가족의 동의 없이는 성별조차도 알려줄 수 없다는 원칙을 끝까지 고수했다. 그럼에도 우리는 포기하지 않고 디그니타스에 한국인 회원과 고인의 가족들에게 우리의 취지를 전달해줄 것을 지속적으로 요청했다. 디그니타스는 우리가 직접 회원들을 접촉하는 것에 대해서는 매우 부정적이었지만, 다행히 자신들이 추구하는 가치를 알리는데에는 적극적이었다. 인터뷰를 주선할 수는 없지만 우리의 메일을 대신 전달해주겠다고 했다. 기획 취지와 인터뷰 질문이 담긴 문서를 영문과 한국어로 각각 준비했는데, 디그니타스가 자신들이 내용을 알지 못하는 한국어 문서는 보내줄 수 없다고 해서 영어로 된 메일만 보내게 됐다.

　동시에 스위스 주재 한국대사관의 도움을 받아 최근 3년간 스위스에서 사망한 한국인의 사망 경위 등을 확인해보려고 했다. 그러나 우리 대사관은 한국인이 현지에서 조력자살 지원 단체를 통해 사망한 사실조차 모르고 있었다. 매년 200명이 넘는 외국인들이 안락사를 위해 스위스로 몰려들고 있는데도 대사관은 이에 관심조차 두고 있지 않다는 사실에는 참으로 실망스러웠다.

새벽에 온 메일

　스위스에서 안락사를 선택한 한국인의 흔적을 찾는 일은 쉽지 않았다. 백방으로 수소문했지만 아무것도 손에 잡히지 않는 시간이 길어졌다. 안락사 취재를 시작한 지 한 달 반쯤 지났을 무렵 영문으로 된 한 통의 메일을 받았다. 2018년 11월 22일 새벽에 온 메일이었다. 보낸 사람의 이름은 케빈 킴(Kevin Kim)이었다.

　앞서 소개한 것처럼 케빈은 스위스에서 안락사한 한국인의 친구다. 그는 물론 지금도 한국에 살고 있는 평범한 한국인이다. 하지만 처음 메일을 받았을 당시 우리는 그가 해외에 살고 있는 교포일지도 모른다고 생각했다. 영문으로 작성된 긴 메일에서 알 수 있듯 그는 유창한 영어 실력을 갖고 있고, 시행을 앞두고 있던 하와이의 존엄사법 'Our Care, Our Choice'[2]에 대해 우리가 알고

2　하와이주는 미국에서 일곱 번째로 2019년 1월부터 발효하는 존엄사법을 통과시켰다(2018년 4월 9일). 이 법은 의료진이 의학적으로 사망 선고를 받고 존엄사를 선택한 환자에게 극약을 처

있는지 등을 상세히 물어보았기 때문이다. 우리는 그가 하와이 교민이 아닐까 생각했다. 존엄사 문제에 좀 더 열려 있는 나라에 사는 한국인이라면 친구와 함께 스위스 조력자살에 동행할 수 있을지도 모르겠다고 추측했다. 메일에 찍힌 새벽 4시 23분이라는 시간조차도 시차 때문이라고 여겼다. 그가 밤새 잠을 이루지 못하고 메일을 썼다는 건 나중에야 알게 됐다.

첫 번째 메일에서 케빈은 우리가 디그니타스에 연락한 사실을 알고 있고 우리가 보낸 메일도 읽었다고 했다. 그러면서도 자신은 디그니타스의 회원도, 직원도 아니라고 했다. 또 사람들이 죽음이 오기만을 기다리기보다는 선택하는 것을 돕고 싶다는 말도 덧붙였다. 이로써 우리는 그가 스위스 조력자살에 동행한 사람이라는 확신을 갖게 됐다.

이후 케빈을 직접 만나 신뢰를 쌓고 자세한 내력을 털어놓도록 설득하는 데까지 또 많은 시간이 걸렸다. 케빈은 소심성이 많은 성품에 존엄사 문제에 대해 깊고 진지하게 고민하는 사람이었다. 원래 존엄사를 옹호하는 사람은 아니었으나 친구의 죽음이 많은 영향을 미쳤다고 케빈은 훗날 고백했다.

케빈은 직접 만나기 전까지 메일로 많은 질문을 해왔고, 우리는 매 순간 중요한 관문을 통과하듯 신중하고 조심스럽게 답했다. 메일은 영어로 왔으며 답장도 한동안 영어로 했다. 사실 케빈은 그 이전에 만난 어떤 취재원과도 비교할 수 없을 만큼 까다로

방할 수 있도록 허용하고 있다. 두 곳 이상의 의료기관에서 6개월을 넘겨 살 수 없다는 판정을 받은 환자에 한해 정신 감정을 거친 뒤 본인이 직접 약물을 복용하도록 했다.

운 편이었지만, 우리의 존엄사 기획은 상당히 많은 부분을 그에게 빚지고 있다. 그가 없었더라면 결과가 나올 수 없는 기획이었다. 우리는 케빈의 질문에 답하기 위해 더 많이 찾아 공부하고, 죽음에 대해 더욱 깊이 고민해야 했다.

첫 번째 메일에서 그가 한 질문들은 우리가 진짜 언론사 기자들이 맞는지, 그리고 존엄사에 대해 얼마나 알고 있는지를 알아보기 위한 것이었다. 질문을 옮겨보면 다음과 같다.

당신이 디그니타스에 보낸 인터뷰 요청 메일을 읽었습니다. 당신은 서울신문에 정식 고용된 기자입니까? 아니면 의사나 간호사 혹은 사회복지사 같은 전문 분야에 있는 계약직 기자입니까?

이 기획의 첫 번째 기사로 디그니타스를 소개할 것이라고 들었습니다. 당신은 디그니타스에 가본 적이 있나요? 아니면 언제 방문할 예정인가요?

이건 매우 개인적인 질문이 될 텐데요. 당신은 합법적 조력자살에 대해 어떤 입장입니까?

2019년 1월 미국 하와이에서 시행되는 'Our Care, Our Choice' 법에 관한 기사를 읽어본 적 있나요? 이 법은 한국의 존엄사법과 비슷한가요?

우리는 존엄사 기획을 시작하게 된 계기가 이전 기획인 '간병살인 154인의 고백'이라는 이야기부터 솔직하고 꼼꼼하게 써서 답장했다. 다음 메일에서도 질문이 이어졌다. 디그니타스 한국인 회원을 직접 만나보았는지, 디그니타스와 관련한 기사는 대략 언제쯤 마무리할 계획인지, 디그니타스로부터 인터뷰 승인을 받았는지 등을 물었다. 그리고 가장 중요한 질문은 언론법과 취재 윤리에 관한 것이었다. 그는 만약에 모든 이야기를 우리에게 다 털어놓고도 자신이 원치 않을 땐 기사를 내보내지 않을 수도 있겠느냐고 했다. 우리는 그렇게 하겠다고 답했다.

11월 말 처음으로 케빈을 직접 만났다. 그날은 우리 모두 매우 긴장했다. 이날은 케빈과 메일을 주고받았던 신용아만 나가기로 했다. 다른 사람과 함께 나갔다가는 케빈이 부담을 느끼고 도망가 버릴 수도 있다고 생각했다. 한편으로는 그가 나타나지 않을 수도 있다고 생각했다. 그의 본명도, 연락처도 몰랐기 때문에 그저 그를 믿고 기다리는 수밖에 없었다.

다행히 케빈은 약속한 시간에 정확히 나타났다. 그 역시 많이 긴장하고 있다는 게 느껴졌다. 한번 침묵이 깨지자 이야기는 쉬지 않고 이어졌다. 가족에게조차 털어놓지 못한 이야기를 오랫동안 품고 있느라 그 역시 힘들었던 것 같다. 그는 언젠가는 이 사실을 말할 날이 올 것이라고 생각했다고 말했다. 하지만 그 시기가 생각보다 빨리 찾아와 오래 고민했다고 했다.

우리는 그 자리에서 3시간가량 이야기했다. 케빈과는 보도가 나오기까지 3개월 정도에 걸쳐 70통이 넘는 메일을 주고받았고, 우리는 여러 차례 그가 사는 지역으로 가 그를 만났다. 이렇게 우리는 스위스에서 안락사로 숨진 한국인 2명 중 한 사람에 대한 이야기를 듣게 됐다. 이 내용이 해외에서 안락사를 선택한 한국인 2명에 대한 2019년 3월의 최초 보도로 이어졌다.

스위스를 향해

케빈과의 인터뷰가 이뤄진 뒤 스위스 현지 취재 일정을 잡았다. 1942년 세계에서 가장 먼저 조력자살이 법적으로 허용된 스위스에서는 이를 어떻게 받아들이고 있는지, 부작용은 없는지 등을 여러 측면에서 살펴보고 실제 조력자살이 이뤄지는 전 과정도 따라가볼 계획을 세웠다.

스위스 취재의 목적은 크게 두 가지였다. 하나는 디그니타스를 비롯해 외국인에게까지 조력자살을 허용하고 있는 스위스의 현장 분위기를 담는 것이고, 다른 하나는 스위스에서 안락사로 생을 마감한 한국인의 흔적을 찾는 것이었다. 케빈과의 인터뷰를 통해 확보한 내용이 있었지만 이를 검증하는 작업도 필요했다.

2019년 1월 4일부터 1월 12일까지 7박 9일 일정으로 스위스 취리히로 향했다. 지난날 박정호와 케빈이 안락사를 위해 향한 곳이고 그 길 위에 디그니타스가 있었다. 현지 팀은 신융아, 이성원, 그리고 영상 촬영을 맡은 소셜미디어랩 김형우로 꾸려졌다. 해외 취재에 3명이 함께한다는 건 이례적이었지만, 한국에서도 나올까 말까 한 취재를 언어도 잘 통하지 않는 낯선 땅에서 해낼 수 있을지 마음이 무거웠다.

해외 취재는 비용 부담이 큰 만큼 인터뷰 섭외는 물론이고 기사의 큰 틀을 다 짜놓고 현지로 가는 게 일반적이다. 현지에 가서는 분위기를 담고 관계자나 전문가의 의견을 압축적으로 담아내기에도 시간이 빠듯하다. 우리가 스위스로 출발할 때까지 예정된 인터뷰는 디그니타스 측 대표 및 2명의 전문가와 잡은 3건뿐이었다. 디그니타스와의 인터뷰는 중요하기는 해도 여기서 새로운 정보를 알아내기는 어려워 보였다. 외국인 조력자살 과정에서 필수적으로 개입하는 현지 법의학자와 검찰 담당자에게도 메일을 보냈지만 답을 받지 못한 상태였다.

부장은 농반진반으로 취재가 안 되면 2주든 3주든 현지에 있으라고 했다. 물가가 비싸고 한국인 마트나 식당이 없을 것 같아 햇반과 라면 등을 잔뜩 주문했다. 스위스로 향하기 위해 짐을 싸는데 마치 전투식량을 준비하는 기분이 들었다.

조력자살 이뤄지는 '블루하우스' 24시

한국인 최초로 안락사를 선택한 이들, 그들은 어떤 사정이 있었기에 아픈 몸을 이끌고 8770킬로미터를 날아 스위스까지 갔을까. 우리는 답을 찾고자 여드레 동안 스위스 취리히에 다녀왔다. 안락사가 시행되는 집인 블루하우스부터 시신을 운반하는 사설 장례업체, 취리히주가 운영하는 공립 화장장까지 그들이 걸었던 길을 따라 걸었다. 기록은 감춰지고 흔적은 흩어져 있어 아쉽게도 물음에 대한 명쾌한 답을 찾기는 쉽지 않았다. 스위스에서 조력자살을 택한 한국인의 발자취를 따라가는 건 난관의 연속이었다. 다만 숨진 한국인이 스위스에서 최초로 내디뎠던 그 길에서 고인들이 보았을 마지막 풍경과 마주할 수 있었다. 그곳에서 느낀 건 안락사를 그려낸 영화 '미 비포 유'처럼 모든 게 평화롭고 아름답지만은 않았다는 점이다. 삶과 죽음은 엄연한 현실이었고, 정답 없는 갈림길이었다.

2019년 1월 4일 저녁 스위스에 도착한 우리는 취리히 시내에
있는 에어비앤비 복층 아파트에 짐을 풀었다. 비록 엘리베이터가
없어 5층까지 큰 짐을 들고서 삐걱대는 나무 계단을 조심스레 올
라가야 했지만, 꽤 넓고 운치 있는 아파트였다. 스위스의 악마 같
은 물가에도 불구하고, 공유 플랫폼을 이용해 꽤 넓은 공간과 여
러 개의 방이 딸린 시내 아파트를 호텔 비용 3분의 2 정도에 구할
수 있었다. 베이스캠프에 햇반, 라면, 김 등 식량을 풀어놓으니 제
법 든든했다.

1월 5일 토요일 아침부터 하루 종일 눈이 내렸다. 일기예보를
보니 우리가 머무는 다음 주 내내 눈이 올 예정이었다. 낮은 집들

스위스 취리히의 전경. 사진 김형우

의 지붕을 하얗게 덮고 있는 풍경은 상상하던 스위스의 모습 그대로였다. 다만 평화로운 풍경을 보면서도 마음 한편에선 취재 걱정이 떠나지 않았다. 스위스 다른 지역에선 폭설과 눈사태로 발이 묶였다는 소식이 들려왔다.

토요일이라고 해도 숙소에 가만히 있을 순 없었다. 우리는 아침을 먹고 다음 주 목요일로 잡혀 있는 디그니타스와의 인터뷰에 앞서 약속 장소인 사무실을 찾아가보기로 했다. 초행이니 시간이 있을 때 미리 답사를 해둘 필요가 있었다. 또 과연 그곳은 어떻게 생겼을까 무척이나 궁금하기도 했다.

특히 디그니타스는 자신들의 사무실 위치를 인터뷰가 확정되는 마지막 순간까지 공개하지 않았다. 또 주소를 알려주기에 앞서 주소를 외부에 공개하지 말고 사진도 찍지 말 것에 대한 동의를 받았다. 디그니타스는 홈페이지와 그 어디에도 주소를 공개하고 있지 않다. 이유는 두 가지였다. 하나는 같은 건물에 입주해 있는 다른 회사들의 프라이버시를 침해한다는 것이었고, 또 다른 하나는 이곳을 병원으로 착각하고 무작정 찾아오는 말기 환자들에게 잘못된 정보를 주지 않기 위해서라고 했다.

디그니타스 사무실은 취리히에서 차를 타고 20분가량 걸리는 근교에 있었다. 다른 도시로 나가는 길목 같은 곳이었는데 타원형으로 생긴 독특한 2층 건물이었다. 구글 검색을 할 때 본 적 있는 건물이었다. 주말이라 그런지 사무실엔 아무도 없었다. 디그니타스 주위에 상업용 건물은 보이지 않았고, 길 건너 집들은 대체로 가정집인 것 같았다.

우리는 이어 조력자살이 시행되는 블루하우스로 향했다. 블루하우스는 병원이나 어떤 의료 시설이 아니라 조력자살 실행을 위해 마련한 거처로 디그니타스 측이 운영한다. 그곳에 들어가본 케빈이 묘사한 것처럼 대기하는 친지들, 절차에 따라 수행하는 담당 직원과 의사, 환자 등을 위한 몇 개의 방과 응접실이 있을 것으로 보인다. 블루하우스에 관한 정보는 디그니타스로부터 얻지 않았다. 디그니타스는 아예 블루하우스에 관해 언급하지 않았고, 우리도 묻지 않았다. 사무실 주소도 공개하지 않는 디그니타스가 블루하우스의 위치를 알려줄 리 없었고, 먼저 얘기를 꺼냈다가 취재를 거부하면 더 곤란해질 수 있다고 생각했다. 우리는 우회

로를 택했다. 디그니타스를 다룬 외신 기사를 통해 블루하우스가 있는 지역과 사진을 확보할 수 있었고, 구글 검색을 통해 블루하우스의 위치를 확인했다. 이때도 케빈의 도움을 받았다. 블루하우스라는 이름은 공식적인 명칭이 아니라 파란색 외벽을 보고 사람들이 그렇게 부르는 것이고, 케빈이 주로 그렇게 불렀다. 영국 외신 등에서는 'the blue Dignitas house'라고 표현하기도 했다.

블루하우스는 취리히주 패피콘에 있다. 스위스인들은 조력자살을 하더라도 집에서 받을 수 있기에 굳이 이곳에 올 필요가 없다. 오직 외국인만이 이 파란색 건물에서 '스스로' 숨을 거둔다. 케빈의 말처럼 블루하우스는 인적이 드문 다소 외딴곳에 있었다. 매일같이 사망자가 발생하는 만큼 일부러 인적이 드문 곳에 자리를 잡았다는 인상도 받았다. 생각했던 것과 달리 블루하우스의 외관은 아늑하지만은 않았다. 건물 바로 뒤편에는 대형 공작기계 제조업체가 크고 암울한 배경 화면처럼 버티고 있고, 옆엔 자동차 부품 회사의 창고가, 바로 앞엔 공터가 있어 을씨년스러움을 더했다. 인근에 제조업 공장들이 들어서 있어서 대형 컨테이너를 실은 차와 공사용 차량이 오가는 모습이 눈에 띄었다.

디그니타스는 초창기 시절 취리히주의 한 아파트를 빌려 조력자살을 시행하곤 했는데, 아파트 주민들의 항의가 많아지면서 논란이 됐었다. 이후 블루하우스를 마련했고 그때부터는 장소를 옮기지 않고 비교적 안정적으로 조력자살을 시행하고 있다. 그러나 한편에서는 거의 매일 2건씩 조력자살이 시행되는 이곳을 두고

"죽음의 공장"이라는 말도 나오고 있다. 친구의 안락사를 곁에서 지켜본 익명의 제보자 케빈도 이렇게 고백한 바 있다. "블루하우스 앞에 도착하는 순간 차에서 내리지 못할 정도로 몸이 오싹했다. 기분이 참 묘했고, 안 좋았다."

처음 찾은 날은 주말인지라 블루하우스에는 아무도 없었다. 일반 거주지와 거리가 좀 있어서 그런지 지나가는 사람을 만나기도 쉽지 않았다. 1시간이 되도록 한 사람도 지나가지 않았다. 그러다 우연히 이곳 패피콘에서 20년 동안 살고 있다는 루스 로이테나우어(51세)와 베누이트 로이테나우어(56세) 부부를 만날 수 있었다. 눈이 많이 내리는 나라답게 두 사람은 스키복에 폴까지 짚으며 인근을 산책하고 있었다. 그들은 디그니타스와 조력자살에 대해 잘 알고 긍정적으로 생각하고 있었다. 로이테나우어 부부는 이곳을 오가며 스스로 생을 마감하는 외국인들을 자주 지켜봤다고 했다.

루스는 "만일 심각한 병에 걸리면 이곳에서 삶을 마감하는 것도 괜찮을 것 같다"고 말했다. 그녀는 자신의 주변에는 조력자살을 한 사람이 없지만, 만약 자신이나 남편이 말기 암으로 고통받는다면 조력자살을 선택할 수도 있을 거라고 했다.

두 사람은 외국인이 조력자살을 하기 위해 스위스에 오는 것에 대해서도 반대하지 않았다. 루스는 "외국인들이 안락사를 하기 위해 스위스로 온다는 사실을 알고 있다. 만약 그 나라에서 할 수 없는 상황이라면 이곳으로 와 해도 된다고 생각한다. 외국인이라고 해서 안 될 이유는 없다"고 말했다. 남편인 베누이트는 "두 가지만 분명하다면 괜찮다고 본다. 정신적으로 판단을 명확히 할 수 있고, 자신이 내린 결정이라면"이라고 덧붙였다. 스위스에 있는 동안 사흘을 투자해 블루하우스 앞을 지켰지만 이들 부부를 제외하면 지나는 사람을 볼 기회는 드물었다.

도착하고 나흘이 지난 1월 8일, 총 10시간에 걸쳐 블루하우스 바깥에서 조력자살이 이뤄지는 전 과정을 지켜볼 수 있었다. 이날 블루하우스에선 두 사람이 조력자살을 실행했다. 오전 10시 30분쯤 프랑스 국적 번호판을 단 검은색 쉐보레 5인승 SUV 한 대가 도착했다. 운전석에서 줄무늬 비니를 쓰고 고동색 외투를 입은 40대 중년의 남성이 내려 블루하우스로 먼저 들어갔다. 5분 뒤에 디그니타스 직원으로 추정되는 두 여성이 차량 쪽으로 다가왔다. 이후 다시 블루하우스로 돌아가 휠체어를 가져왔고, 앞자리 조수석에 앉아 있던 노인을 휠체어에 태워 블루하우스 안으로 데려갔다. 이 과정이 대략 5~10분 사이에 이뤄졌다.

연이어 오전 10시 50분쯤 미색 5인승 SUV가 블루하우스에 도착했다. 자동차 번호판으로 보건대 이번에도 프랑스 차량으로 추정됐다. 앞 차량과 마찬가지로 운전자가 블루하우스에 들어간 뒤 2명의 직원과 함께 나왔다. 트렁크에서 휠체어를 꺼내 와 조수석 뒤쪽에 탑승한 은발의 할머니를 앉힌 후 블루하우스 안으로 데려갔다. 보호자는 중년 남성과 여성, 손녀로 보이는 이도 있었다.

거동이 불편한 노인을 부축해 차에서 내리고 휠체어에 태워 블루하우스로 들어갈 때 가족들은 대체로 차분했다. 오열하거나 괴로워하는 모습은 찾아볼 수 없었다. 이미 이곳에 오기 전 마음의 준비를 마친 듯 덤덤해 보였다.

들어가고 2시간쯤 지나 가족들이 블루하우스에서 나왔다. 두 노인의 모습은 보이지 않았다. 즉 오전 11시에서 오후 1시 사이에 환자는 가족들이 지켜보는 가운데 약을 마시고 숨을 거둔 것으로 추정된다. 블루하우스에서 정확히 무슨 일이 벌어진 걸까. 죽음의 과정을 바로 옆에서 지켜보지는 못했어도 나중에 디그니타스와 검찰, 법의학자 등과의 인터뷰를 통해 그려볼 수 있었다.

우선 조력자살이 이뤄지기 전 동행한 가족들은 수많은 서류를 확인하고 서명해야 한다. 특히 환자의 병명이 적힌 의사 진단서 와 환자의 사망 의사가 담긴 선언문 등은 필수다. 물론 마음이 바 뀌면 언제든 중단할 수 있다. 이를 위해 환자가 치사약(펜토바르비 탈)을 마시기 전까지 디그니타스 직원은 환자가 지금도 안락사를 원하는지, 마음은 변하지 않았는지를 수차례 반복해서 확인한다. 그리고 환자가 약을 마시기로 결정하고 실제로 약을 복용하면 보 통 수분 이내에 사망에 이른다. '죽을 권리'를 선택한 이들의 마지 막은 그렇게 마무리된다.

그날은 예상보다 조금 늦은 오후 5시 30분쯤 경찰과 법의학자 가 나타나 블루하우스로 들어갔다. 그들은 경찰차를 타고 오리라 는 예상과 달리 일반 차량을 타고 왔다. 경찰 제복을 입고 있지도 않았다. 한 사람은 응급 키트 같은 가방을 들고 있었다. 경찰이 각 종 서류의 확인 등을 마치면, 법의학자는 타살 의혹이 없는지를 확인하기 위해 검시를 시작한다. 오후 6시쯤엔 검찰 관계자로 보 이는 키 큰 남성 한 명이 또 블루하우스로 들어갔다.

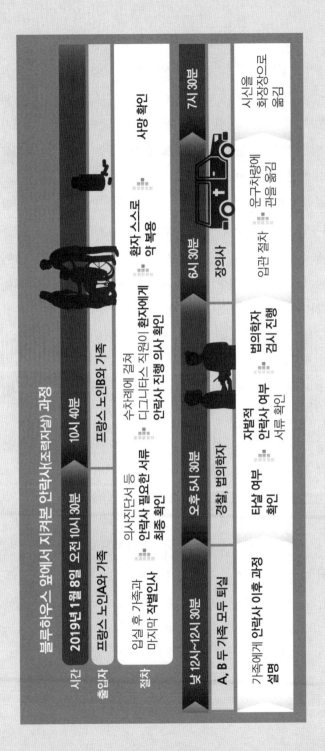

블룸하우스 앞에서 지켜본 안락사(조력자살) 과정

시간	**2019년 1월 8일 오전 10시 30분**	10시 40분	오후 5시 30분	6시 30분	7시 30분

출입자 　**프랑스 노인A와 가족**　　**프랑스 노인B와 가족**

절차
임실 후 가족과
마지막 **작별인사**
의사진단서 등
안락사 필요한 서류
최종 확인
수차례에 걸쳐
디그니타스 직원이 환자에게
안락사 진행 의사 확인
환자 스스로
약 복용
사망 확인

낮 12시~12시 30분	오후 5시 30분	6시 30분	7시 30분

A, B 두 가족 모두 퇴실　　경찰, 법의학자　　장의사

가족에게 안락사 이후 과정 설명
타살 여부
확인
자발적
안락사 여부
서류 확인
법의학자
검사 진행
입관 절차
운구차량에
관을 옮김
시신을
화장장으로
옮김

1시간 뒤인 오후 6시 30분경 경찰과 법의학자가 철수하자 곧이어 운구 차량인 흰색 밴이 도착했다. 이미 해는 져서 주위가 어둑했다. 차에서 두 사람이 내려서 한 명은 블루하우스로 들어가고 다른 한 명은 운구차의 트렁크 공간을 열었다. 여기서 시신을 옮길 관을 하나 꺼내 블루하우스로 들여보냈다. 이후 오후 6시 46분쯤 블루하우스에서 시신이 모셔져 있을 것으로 추정되는 관 하나가 나왔다. 운구차 트렁크 쪽으로 관이 들어갔다.

오후 7시쯤 운구차에서 관 하나가 더 나와 블루하우스로 들어갔다. 15분 후 조력자살로 숨을 거둔 이를 모신 것으로 추정되는 또 하나의 관이 블루하우스에서 나와 운구차에 실렸다. 곧바로 운구차는 블루하우스를 떠났다. 아마도 화장장으로 가는 듯했다. 프랑스 노인 둘이 그렇게 생을 마감했다.

몸이 불편한 노인이 오전 10시 30분쯤 휠체어를 타고 블루하우스로 들어갔다가 8시간 만에 그날 저녁 나무관에 실려 나오는 모습을 밖에서 찍으면서 '죽음이 이렇게 쉬워도 되는가' 하고 생각했다. 자세한 내부 모습까지는 찍지 못했지만 관이 블루하우스에 들어가고 나오는 장면을 확보했다. 그 생경한 광경 앞에서 우리는 10시간 가까운 시간 동안 그들의 '선택한 죽음'을 마주해야 했다. 물론 타인의 죽음을 몰래 지켜보는 건 떳떳하지 못했다. 그래서 눈에 띄지 않으려 주로 차 안에서 지켜보는 수밖에 없었다. 자동차 유리에 김이 서릴 것 같으면 스위스의 매서운 겨울바람에도 차창을 조금 열어놔야 했고, 혹시라도 중요한 지점을 놓칠까 봐 화장실에도 마음 편히 가지 못했다.

2019년 1월 5일 신웅아(왼쪽)와 이성원이 외국인 조력자살이 이뤄지는 스위스 취리히 외곽 2층집 블루하우스 앞에 섰다. **사진 김형우**

조력자살을 희망하는 노인과 그의 가족들이 2019년 1월 8일 오전 블루하우스로 들어가고 있다.
이 노인은 결국 해가 진 뒤 주검이 돼 블루하우스에서 나왔다. **사진 김형우**

취리히주 화장장에서

수습기자 시절 경찰서보다 더 가기 싫었던 곳이 병원 장례식장이었다. 땀 냄새 나고 무뚝뚝한 형사보다 가족을 잃은 비통함에 빠진 유족을 대하는 게 더 힘들었다. "고인은 어떤 분이었습니까?"라고 묻는 게 온당한지를 자책하며 향내 가득한 빈소 앞에 병풍처럼 서 있는 일이 고역이었다. 보고 시간이 되어 떨어질 선배의 불호령이 두려웠다. 유족 앞에 서기는 했지만 제대로 말조차 붙이지 못할 때가 많았다. 산 자와 죽은 자가 나뉘는 사건·사고 현장을 다니는 게 익숙해질 때도 됐는데, 장례식장 입구에 들어설 때면 여전히 신경이 곤두섰다. 스위스라고 다를 건 없었다.

안락사가 끝난 후 시신은 모두 취리히주 북화장장(Krematorium Nordheim)으로 보내진다. 블루하우스와의 거리는 26.4킬로미터로 승용차로 30분 정도 걸린다. 취리히주가 운영하는 공립 화장장 세

곳 중 한 곳으로 패피콘에서 사망한 이들의 시신은 일단 이곳으로 옮겨진 뒤 화장할지 매장할지가 결정된다. 안락사로 생을 마감한 한국인들도 이 화장장에서 한 줌의 재로 돌아갔을 가능성이 크다. 케빈이 친구의 마지막 모습을 본 곳도 이곳이다.

인상적이었던 건 자국민이든 외국인이든 국적에 상관없이 스위스에서 사망하면 현지 화장장을 무료로 이용할 수 있다는 점이었다. 장례를 치르는 데는 우리나라에서처럼 큰돈이 들지 않는다. 이 때문인지 가진 자와 못 가진 자가 구분되는 모습도 찾아보기 어려웠다. 수백 명이 모여 고인의 마지막 길을 애도할 수 있는 대형 장례식장도 무료로 이용할 수 있다. 유골함 비용도 들지 않는다. 그렇기에 세금을 한 푼 내지 않는 외국인들이 들어와 조력자살을 하는 것에 대해 반감을 품은 스위스 국민들도 꽤 있다.

화장장으로 시신이 옮겨지면 대략 사흘 후 화장이 이뤄진다. 시신은 도착하는 대로 먼저 시신 안치소에 모셔진다. 이러한 안치소는 총 세 곳이다. 시체가 부패하는 것을 막기 위해 다소 온도가 낮았다. 이어서 시신은 23개 방으로 이동한다. 유족과 지인들이 고인과 작별할 수 있는 방이다. 이곳에는 관 속에 고인을 모셔두고 최대 일주일 정도에 걸쳐 작별 인사를 할 수 있다. 관이 열려 있어 고인을 직접 만지거나 옷을 갈아입히고 화장化粧도 할 수 있는 곳이다. 케빈은 9번 방에서 고인과 작별의 시간을 가졌다.

북화장장에선 한 해를 통틀어 시신 7000구 정도가 화장된다. 우리가 찾은 날엔 시신 45구가 들어왔다. 보통은 하루 30구 정도 화장하는데, 크리스마스와 새해 명절에 화장장이 쉬면서 화장을

십자가가 상징처럼 자리한 취리히주 북화장장의 전경. 사진 김형우

진행하지 못해 평소보다 화장하는 시신의 수가 더 늘었다.

시신은 전기화로에서 태워진다. 밤새 가열해 650도 온도까지 올라간다. 나무가 600도 정도에서 탄다고 한다. 시신을 다 태우고 나면 몸 안에 있던 여러 불순물을 걸러내는 작업이 이뤄진다. 자석 같은 것으로 몸에 삽입했던 의료품 등을 걸러낸다. 아울러 시신을 태울 때 관에다가 원하는 것을 집어넣을 수 있다. 시신의 눈에다가 동전을 넣는 사람이 있는가 하면, 고인이 아끼던 물건을 시신 옆에 두고 함께 태울 수 있다. 이곳 화장장은 연기가 밖으로 배출되지 않는 게 특징이다. 내부적으로 필터 장치가 있기 때문이다.

유골함(Urn)의 경우 세 종류가 무료고, 나머지는 유료다. 박정호의 유골함이 담겼던 함은 무료였다. 이곳 화장장에는 대형 장례식장이 있다. 무대 형식으로 관이나 유골함이 단상에 배치되면

수백 명의 사람들이 이를 지켜보고 인사를 할 수 있도록 꾸며져 있다. 사망 후 이삼 일 지나 장례식을 치르고, 장례식은 대략 두세 시간 정도 걸린다고 한다. 특별히 정해진 형식은 없으며 종교마다 그 형태가 조금씩 다르다. 장례식장에서 거대한 오르간 연주도 가능하다.

우리는 이곳에서 화장된 한국인의 기록을 찾을 수 있었다. 화장장 측은 과거 화장된 이들의 기록을 찾으려면 적어도 성씨라도 알아야 검색할 수 있다고 했다. 김, 이, 박, 최 등을 검색어로 넣었다. 우리가 찾고자 했던 한국인의 기록을 모두 확인한 것은 아니지만 케빈이 스위스까지 동행해 마지막 모습을 지켜봤던 박정호의 기록은 찾을 수 있었다. 디그니타스와 케빈을 제외한 제3자를 통해 한국인의 안락사를 공식적으로 확인한 셈이다. 이 기록에는 고인의 이름과 생년월일, 가족 이름, 한국 주소 등이 적혀 있고, 사망 장소로는 '블루하우스'가, 장례 주관자로 '디그니타스'가 기재돼 있었다.

다음은 북화장장의 총책임자인 시릴 짐머만(61세)과의 인터뷰 내용이다. 화장장의 이모저모를 상세히 설명해준 그를 만난 건 행운이었다.

조력자살에 대해 어떻게 생각하나.

스위스는 자살률이 높다. 다른 방법으로 자살하는 것보다는 조력자살이 더 나은 것 같다. 중병에 걸린 사람들이 총으로 자신을 쏘는 것보다 조력자살이 훨씬 인간적이지 않나.

취리히주 북화장장의 유골 보관소. 사진 김형우

주변에 조력자살로 생을 마감하신 분이 있나.

친척 가운데 두 분이 조력자살로 돌아가셨다. 여든이 넘은 고모와 이모가 계셨는데 말기 암 상태에서 조력자살로 돌아가셨다. 일이 년간 병원과 호스피스 병농에서 생활하다 그렇게 가셨는데, 나는 조력자살로 돌아가신 것에 대해 충분히 이해가 된다.

의사가 주사 등을 주입해 죽음에 이르게 하는 안락사가 합법이 아닌 것에 대해선 어떻게 생각하나.

그런 안락사는 문제가 있다고 생각한다. 타살과 자살의 경계가 불분명해질 것 같다. 어느 정도 선이 분명히 있어야 한다고 생각한다. 나이 많은 노인들은 간병에 대한 부담 등으로 압박을 받을 것 같기도 하다.

화장장 내 장례 절차를 마치고 화장을 기다리는 관들의 모습. 사진 김형우

외국인이 스위스에 와서 조력자살을 하는 것은 어떻게 생각하나.

참을 수 없는 고통을 겪는 외국인들이 스위스에서 조력자살을 하는 것 자체는 전혀 문제가 없다. 다만 현실적으로 모든 비용을 스위스 국민이 댄다는 점에서 볼멘소리가 나온다. 특히 디그니타스는 조력자살을 지원하면서 외국인들에게서 돈을 받지만 정작 자국의 화장장에는 아무런 비용도 지불하지 않는다.

존엄한 죽음은 어떤 것이라고 생각하나.

우선은 고통이 없어야 한다. 또 죽는 순간에 누군가와 함께할 수 있어야 한다. 극심한 고통을 겪는 상황에서, 본인 스스로 죽음을 선택할 수 있다는 점이 중요하다고 생각한다.

안락사를 한 한국인의 기록을 더 찾을 수 없을까 해서 지푸라

기라도 잡는 심정으로 민간 장례업체 두 곳을 더 방문했다. 물론 두 곳에서도 더는 추가 정보를 확인할 수 없었다. 북화장장으로 부터 처음 소개받은 곳은 디그니타스와 협력 관계에 있다는 장례업체였다. 혹시 안락사로 생을 마감한 한국인의 흔적을 발견할 수 있지 않을까 기대를 하고 찾아갔지만, 업체는 어떠한 인터뷰도 할 수 없다며 단숨에 거절했다.

"인터뷰는 안 합니다. 저희는 디그니타스와 비밀 협약을 맺었어요. 아무것도 말해줄 수 없습니다."

취리히주 퀴스나흐트의 한 주유소 1층에는 3평 남짓한 사무실이 쪽방처럼 딸려 있었다. 조력자살을 마친 외국인의 시신을 화장장까지 운반하는 일을 맡은 민간 장례업체의 사무실이다. 굳이 하는 일을 드러내고 싶지 않은 듯 작은 간판 하나 걸려 있지 않았다. 사무실 옆에 주차된 운구 차량을 보고 겨우 찾아낼 수 있었다. 장례 문화에 대한 인터뷰라고 설명하면서 신분을 밝혔을 뿐인데도 장례업체 직원은 질문하지 말아달라고 했다. "기자는 기자일 뿐, 우리는 기자를 믿지 않는다"며 퉁명스럽게 문을 걸어 잠갔다. 문전박대였다. 이미 여러 국가의 취재진이 이곳을 다녀간 것 같았다. 사무실의 창문을 통해 장례 월 계획표를 확인할 수 있었는데, 디그니타스의 조력자살을 암시하는 일정이 적혀 있었다.

다른 한 곳은 패피콘 내에서 가장 규모가 큰 장례업체인 게르버 린다우였다. 이곳은 스위스인들의 조력자살을 지원하는 '엑시트(EXIT)'가 의뢰하는 장례 업무를 담당하고 있었다. 게르버 린다우의 사장 우르스 게르버(51세)는 수십 년간 죽음을 일상으로 접한 스위스 장례 전문가답게 조력자살도 존엄한 죽음이 될 수 있다고 했다. 그런데 현실은 꼭 그렇지만은 않아서 문제라고도 했다. 다음은 장례업체 사무실에서 진행한 우르스 게르버와의 인터뷰 내용이다.

조력자살을 하지 않은 이의 장례식과 조력자살로 사망한 이의 장례식 간에 차이점이 있나.

엑시트를 통해 장례식을 치르는 유족들의 분위기엔 뭔가 억압된 게 있다. 분위기 자체가 차갑다. 친인척들 사이엔 원치 않은 죽음을 받아들여야 한다는 억눌린 느낌이 있다. 일반 자연사와 감정적 분위기가 많이 다르다.

조력자살에 대한 개인적 견해를 알려줄 수 있나.

조력자살에 대한 관점은 종교적, 인간적 접근에 따라 다르다고 본다. 종교적 접근, 특히 기독교 입장에서 보면 인간이 죽음을 스스로 결정할 수는 없다. 인간적 접근에서 보면 죽음에 대해 자기결정권이 있다고 생각한다. 그러나 스위스에선 이러한 죽음에 대한 선택이 너무 쉽게 결정되지 않나 싶다.

의사가 직접 약을 주입하는 안락사에 대해선 어떻게 생각하나.

그런 안락사에 대해서도 반대한다. 스위스에선 너무 쉽게, 죽음에 이르는 약물을 구할 수 있는 것 같다. 죽고 싶다는 자신의 의사를 충분히 표현하면 약을 받을 수 있어서, 남용되는 측면이 있다. 예를 들어 50세에 접어든 사람이 피곤하고 살고 싶지 않다면서 너무 쉽게 그런 결정을 하는 것도 봤다. 개인적으로는 사회 인식의 변화가 문제라고 생각한다. 노인이 집에서 숨질 때까지 그 가족들이 부양하는데, 언제부턴가 노인 스스로가 자식들에게 부담을 주고 싶지 않아서 그런 극단적 선택을 하는 것 같은 느낌도 든다. 요양원이나 양로원에 내는 돈이 커서 경제적 비용을 생각하면 조력자살을 하는 게 더 부담이 없는 게 사실이다. 이런 요인으로 조력자살을 하는 건 문제가 있다고 본다.

고통이 힘든 것보단 가족들에게 경제적 부담을 주기 싫어서 노인들이 그런 선택을 하는 측면이 있나.
그렇다. 엑시트의 경우 조력자살의 대상자를 처음엔 (말기) 환자만 선정했는데, (이제는) 건강한 노인에게까지 조력자살을 허용하고 있다.

외국인이 스위스에 와서 조력자살을 하는 건 어떻게 생각하나.
디그니타스에게는 돈이 될 것이다. (디그니타스가) 생긴 지 20년 정도 됐을 것이다. 매일같이 외국인의 조력자살이 이뤄지는 것으로 알고 있다. 세계 각지의 사람들이 스위스로 와서 조력자살을 실행한다. 디그니타스는 문제가 없다고 하지만, 나는 그렇게 생각하지 않는다. 디그니타스의 목적은 아픈 사람을 위한 비상구가 되는 데 있다. 그러나 규정을 보면 너무 간단히 조력자살이 이뤄지는 것 같다. 나는 디그니타스에 대해 부정적으로 생각한다.

**수십 년간 다른 이들의 죽음을 지켜봤을 것 같다. 존엄한 삶과 죽음이란
무엇인가.**

가족과 함께 마지막을 보낼 수 있는 죽음이 좋은 죽음 같다. 조
력자살이 정말 마지막 탈출구라면, 그 사람에겐 존엄한 죽음
이 될 수도 있다고 본다. 그러나 현실은 꼭 그렇지만은 않으니
까 문제가 된다. 내 경험에서 보면 보통 조력자살이 이뤄진 뒤
에 남은 유족들이 더 힘들어하더라. 가족들은 고인의 조력자살
을 원하지 않거나 그런 식으로 보낼 준비가 안 돼 있는데, 억지
로 받아들여야 하는 경우가 생기니까 그런 것 같다. 죽음에 대
한 자기결정권을 존중하는 것도 중요하지만 최근엔 그런 선택
이 남용되는 건 아닌지 우려스럽다.

조력자살 과정에서 스스로 판단하고
결정하고 행동해야 한다

디그니타스 대면 인터뷰

우리는 2019년 1월 10일 목요일에 디그니타스 본부 사무실이 있는 취리히주 포르히를 다시 찾았다. 디그니타스와의 대면 인터뷰는 우리나라 언론 가운데서 처음이었다. 스위스에서 조력자살을 지원하는 디그니타스는 전 세계 89개 나라에 9000여 명(2023년 말 기준 1만 3775명)의 회원을 둔 비영리 단체다. 1998년 5월 취리히에서 설립됐으며, 최근 7년간 매년 200여 건(2021년 206건, 2023년 250건)의 조력자살이 이곳을 통해 이뤄져왔다. 스위스에는 여러 조력자살 지원 단체가 있지만 디그니타스의 특징은 주로 외국인을 대상으로 한다는 점이다.

인터뷰를 수락하기 전까지 디그니타스는 여러 조건을 내세우고 동의할 것을 요청했다. 이를테면 동영상이나 사진 촬영은 정해진 미팅룸에서만 가능하고, 건물 외관을 촬영해서는 안 된다는 점, 허락 없이 휴대폰으로 직원들을 촬영하거나(또는 녹음하거나)

소셜미디어에 올려서는 안 된다는 점, 디그니타스 사무실의 주소는 기밀이기 때문에 어느 누구에게도 알려줘서는 안 된다는 점, 보도하기 전 인터뷰 촬영 장면이나 내용을 미리 보여달라는 점 등이 포함됐다. 조력자살과 관련한 이슈는 매우 까다로운 주제라서 최대한 대중들에게 정확히 전달하기 위해서라고 그 이유를 설명했다.

이런저런 조건들이 우리에겐 익숙지 않던 터라 검열이라도 당하는 것처럼 경계가 꽤 심하다고 느꼈다. 하지만 막상 디그니타스 본부 사무실에 도착하자 예상과는 달리 직원들은 친절하고 반갑게 우리를 맞았다. 2층짜리 건물은 대부분 디그니타스가 사용하고 있는 것 같았는데 '디그니타스'라고 적힌 표지판은 보이지 않았다. 다만 1층의 한 사무실 문에 신용아라는 이름과 '서울신문 팀을 환영한다'는 영어 문구가 붙어 있었다.

키가 크고 한쪽 귀에 귀걸이를 한 남성이 우리를 맞이했다. 우리와 메일을 주고받았던 디그니타스 공동대표 실반 룰라이Silvan Luley였다. 여러 개의 방으로 구분된 사무실에선 대여섯 명의 직원들이 일하고 있었는데, 밝고 자유로운 분위기였다.

인터뷰를 진행한 미팅룸은 빨강, 파랑, 노랑, 초록 등 알록달록한 색상의 파일들이 원기둥 형태로 빼곡히 차 있었다. 죽음이라는 단어가 가지는 어두운 이미지를 희석하려는 의도가 아닐까 하는 생각이 들었다. 룰라이는 회원들의 자료 파일이라고 설명했다. 빨간색은 한때 회원이었으나 지금은 아닌 사람들의 파일이고, 초록색은 현재 회원들의 파일, 그리고 분홍색은 디그니타스를 통해 조력자살을 한 사람들의 서류였다.

"처음에는 파일이 아주 얇다. 그러다 조력자살을 신청하면 우리가 많은 질문을 보내고, 거기에 답변과 자료가 오면서 점점 두꺼워진다. 맨 마지막에는 박스 두세 개가 나오기도 한다." 15년, 20년씩 만성 질환을 앓았던 사람들이 그동안의 모든 의료 기록들을 보내오기 때문에 파일이 더 두꺼워진다는 것이다.

인터뷰에 응한 실반 룰라이는 디그니타스 창립자인 루드비히 미넬리Ludwig Minelli와 함께 현재 디그니타스를 이끄는 3명의 리더 중 한 명으로 변호사 출신이다. 다른 한 명은 산드라 마르티노Sandra Martino라는 여성이다.

디그니타스가 하는 일은 무엇인가.

'디그니타스-존엄하게 살기-존엄하게 죽기'(공식 명칭은 'Dignitas-To live with dignity-To die with dignity'이다)는 1998년에 창립된 스위스의 비영리 회원제 조직이다. 우리에게 연락하는 사람들에게 그들의 삶, 그리고 삶의 마감에 대해 스스로 결정할 수 있도록 정보를 주는 일을 한다. 완화의료, 자살 시도 예방, 건강 관리 계획, 그리고 조력자살까지 생애말 선택을 돕는다.

전 세계 많은 사람이 자신의 손으로 삶을 마감하려다 더 어려운 상황에 놓이곤 한다. 자살로 인한 사망 연구를 보면, 그 이전에 보통 10~20차례의 자살 시도가 있다. 심지어는 50번 이상 자살을 시도했다가 실패한 사람도 있다. 이들은 점점 더 숨어서 고독하게 삶을 마감하려고 한다. 우리는 조력사망(assisted dying)

실반 룰라이 디그니타스 공동대표. 사진 김형우

이라는 이슈를 끄집어냄으로써 그들에게 힘을 주고 그들의 선
택을 옹호한다. 우리가 하는 일은 조력자살에 집중하는 것이 아
니라 근본적으로 위험하고 고독한 자살 시도를 줄이고자 하는
것이다. 그 접근 방식이 바로 터부를 만들지 않는 것이다.

우리에게 연락한 사람들은 자신이 겪은 의료 문제나 절망감 같
은 내용을 터놓고 말할 수 있다. "죽고 싶다"고 말할 수도 있다.
그러면 우리는 이렇게 얘기한다. "그래요. 그건 당신의 권리예
요. 그것에 대해 얘기해봅시다." 그러면 거기서 삶을 개선할 수
있는 해결책을 찾기도 한다. 삶을 끝내는 건 긴급한 출구로서
마지막 선택이 될 수 있다.

그러나 그전에 '존엄하게 살기(To live with dignity)' 부분에서 어
떻게 삶을 개선할 수 있을지 살펴봐야 한다. 사람들이 이 부분
에 관해 마음을 열려면 먼저 두려움 없이 말할 수 있어야 한다.

디그니타스 사무실에 원기둥 형태로 빼곡히 차 있는 회원들의 자료 파일. 사진 디그니타스 홈페이지

어떤 환자들은 의사한테 가서 죽고 싶다고 말하면 의사는 우울
증이 있으니 정신과 상담을 받으라고 한다고 얘기한다. 환자가
정신과에 가서 치료를 받고 병원을 나설 땐 괜찮겠지만, 문제는
자살 충동은 여전히 그대로 있다는 점이다. 죽음에 대해, 고통
에 대해, 자살에 대해 터놓고 말할 수 있어야 한다. 환자의 눈높
이는 여기 있는데 의사의 눈높이는 저기 있어선 안 된다. 절대
적으로 같은 눈높이에서 얘기하면서 삶을 개선할 방향을 찾아
야 한다.

외국인 조력자살을 지원하는 법적 근거는 무엇인가.
스위스 형법은 이기적인 동기로 자살을 돕는 경우 처벌할 수 있
다고 정의한다. 즉 이기적인 동기가 없다면 죄가 되지 않는다.
또 법은 스위스 외 다른 나라에서 온 사람들이 우리의 도움을

받는 것을 금지하지 않는다. 궁극적으로 모든 사람은 똑같다. 어려움과 고통을 끝내고자 하는 희망은 스위스인이나 한국인이나 다르지 않다. 단지 한국인이라는 이유로 스위스에서 조력자살을 못 하게 한다면 오히려 차별이다.

노인들이나 정신적 문제로 조력자살을 택하려는 사람들에 대해서는 어떻게 생각하나.

2006년 11월 스위스 연방대법원은 정신적 능력(mental capacity)에 결함이 없는 사람이라면 누구나 자신의 삶을 끝낼 시간과 방법에 대해 선택할 권리가 있다고 결론지었다. 2011년 1월엔 유럽인권재판소(European Court of Human Rights)가 이 결정을 옹호했다. 스스로 삶의 마지막을 결정하는 것 역시 인권이라는 것이다. 그런 점에서 보면 말기 환자만 이 권리를 갖고 있거나 그만큼 아프지 않은 사람은 이 권리가 없다고 말할 수 없다. 법적으로 따지면 차별이다.

2006년 대법원 판결에서는 이 권리가 정신병을 앓고 있는 사람에게도 적용된다고 했다. 물론 사전에 정신과 의사의 소견을 받아야 하는 등 요건이 있기는 하지만 기본적으로는 똑같은 권리를 갖는다. 노인들의 경우 85세, 90세가 되면 말기 환자가 아닐지라도 시력과 청력이 감퇴하는 등 수많은 의료적 진단이 따르게 된다. 삶의 질은 점점 더 후퇴하게 된다.

디그니타스에서 15년간 일하며 봐온 사람들 중에 건강한데 죽으려고 하는 사람은 없었다. 만일 신체적으로 건강한데 죽으려고 한다면 분명 그 뒤에 숨은 사연이 있다. 그 이유를 찾아서 살펴보고 개선할 방법을 찾도록 하는 것이 우리의 일이다. 조력자살을 요청하는 이면에는 병뿐만이 아니라 삶이 좋지 않다고 느껴지는 뭔가가 있을 것이다. 그걸 같이 찾아보자는 것이다.

사람들과 이런 얘기를 한 이후 실제 자살 시도가 줄어들었나.

우리에게 연락한 사람들을 보면 이미 여러 번 자살 시도를 했다가 실패한 뒤에 오는 경우가 많다. 회원으로 가입하지 않고 우리에게 연락해 상담하는 경우가 많은데, 이를 일일이 기록해놓지는 않는다. 우리에게 갑자기 연락하기도 하고, 일주일에 한 번, 한 달에 한 번 연락이 오기도 한다. 어떤 경우 1년이 지나 다시 연락이 오기도 하는데, 그때 우리는 "이 사람이 여전히 살아 있구나" 하고 깨닫는다.

회원으로 능록한 사람늘의 경우 조력자살을 위한 사전 질분지를 작성하는데, '그린 라이트(조력자살 약을 받을 수 있는 조건이 된다는 신호)'를 받은 사람들 가운데 실제 실행에 옮기는 비율은 40~50퍼센트 수준이다. 긴급할 때 쓸 수 있는 출구가 있지만 선택하지 않는 것이다. 그들은 계속해서 삶을 이어나가고, 일부는 완화의료를 선택하기도 한다.

1997년 조력자살 관련법이 시행된 미국 오리건주에선 시한부 6개월 이내의 말기 환자만 대상으로 한다. 스위스의 법은 조력자살의 대상을 말기 환자나 시한부 환자로 한정하지 않았다는 점에서 좀 더 진보적이라고 할 수 있다. 그런데 자살 시도 건수를 비교해보면, 지난 20년간 스위스는 줄곧 감소해온 반면 오리건 주는 거의 똑같거나 약간 올랐다. 조력자살에 대한 진보적인 접근이 사람들에게 선택의 자유를 주고 자살 시도의 위험성도 덜어주는 것이라고 본다.

법의 적용 범위가 너무 좁으면 사람들은 합법적인 선택에 접근하기 쉽지 않고, 결국 위험하고 고독한 자살을 시도하게 된다.

디그니타스에서 일하는 사람들은 몇 명인가.

직원은 24명(2023년 기준 38명)인데 사무실에서 일하는 사람은 12명이다. 사무실 외 업무를 하는 사람이 있고, (블루하우스 등에서) 조력자살을 실제로 돕는 직원들이 있다. 그리고 우리가 의사는 고용하고 있지 않다는 점을 분명히 해두고 싶다. 조력자살을 신청하면 우리가 질문지를 보내고, 그 질문지에 대한 답을 우리는 외부 의사에게 보낸다. 그러면 의사가 다시 우리에게 '가능' '불가능' '추가 증명이 필요하다' 등의 답변을 준다. 디그니타스가 회원과 의사 사이의 중계 역할은 하지만, 조력자살이 가능한지를 결정하는 것은 디그니타스가 아니라 독립된 의사다.

조력자살을 위한 극약 처방전을 써주는 의사는 어떻게 찾는가.

스위스 의사의 60퍼센트 정도가 조력자살에 동의한다. 의사 개인마다 의견 차는 있겠지만 대체로 조력자살에 동의하므로 의사를 찾는 게 어려운 일은 아니다. 다만 조력자살 요청이 매우 까다로운 경우가 있다. 예컨대 정신병을 앓고 있는 사람이 조력자살을 하려고 할 때, 여기에 동의하는 정신과 의사를 찾는 건 어렵다. 만성 복합 질환을 앓는 경우도 쉽지 않다. 의사 입장에서 조력자살을 돕는 일이 그리 즐거운 일은 아닐 것이다. 수많은 서류를 검토한 뒤에야 처방전을 쓸 수 있기 때문이다.

세계 각국에서 신청이 들어오고 언어도 다 다를 텐데.

영어·프랑스어·이탈리아어·독일어(스위스에서 통용되는 4개 언어) 문서는 우리가 다 다룰 수 있다. 하지만 만약 서류를 한국어로 보낸다면 안타깝지만 진행할 수 없다. 한국어로 된 경우 전부 통역 공증을 거쳐야 한다. 신청자가 아주 초보적인 수준의 영어나 프랑스어, 이탈리아어, 독일어도 할 수 없는 경우엔 우리가 조력자살을 돕기 어렵다. 우리가 당사자의 감정과 원하는 바를 이해하고, 당사자 역시 우리가 절차와 과정에 관해 설명하는 것을 이해할 수 있어야 한다. 삶의 마지막을 결정하는 데 가장 중요한 것은 자율성과 책임, 자기결정 능력이다.

조력자살을 결정할 때 가장 중요한 건 무엇인가.

의료 기록과 개인사다. 의료 기록을 통해 병이 무엇이며, 얼마나 오랫동안 앓았고, 어떤 약이나 수술을 통해 치료했으며, 치료 효과는 있었는지 등을 본다. 또 조력자살을 하려 한다면 스스로 결정한 것인지, 진정으로 원하는 게 무엇인지 등을 여러 자료와 질문지 응답을 통해 살펴본다. 현 상태에서 이 사람이 선택할 수 있는 최선은 뭔지, 다른 선택지는 없는지 등도 꼼꼼히 살펴본다.

스위스에서는 조력자살은 허용하지만, 의사가 직접 치사약을 환자에게 주입하는 적극적 안락사는 허용하지 않는다. 적극적 안락사를 도입할 필요가 있다고 보나.

안락사를 뜻하는 'euthanasia'의 어원을 살펴보면 그리스어로 '편안한 죽음'에서 유래한다. 죽음의 방식과는 관련이 없다. 환자의 요청으로 의사가 생명을 끊는 방식의 적극적 안락사를 할지, 조력자살을 허용할지, 혹은 소극적 안락사만 허용할지는 그 나라의 역사나 문화에 토대를 둔다고 생각한다. 스위스에선 개인의 자율과 개성, 책임감을 중요히 여긴다. 조력자살에서 가장 중요한 건 모든 과정을 자신이 스스로 판단해 결정하고 행동하는 데 있다. 가족들에게 자신의 뜻을 지지해달라고 할 수는 있지만, 실제 행동은 자신이 직접 해야 한다. 어떤 경우에도 (조력자살을 위한) 약을 대신 먹여달라거나 의사한테 주사기를 눌러달라고 하는 행위는 금지돼 있다. 이 때문에 몸을 완전히 움직이지 못할 때는 조력자살을 하기가 어렵다. 이런 경우엔 약 먹는 것을 도와주는 기계를 만들어 실행 버튼은 본인이 직접 누르게 한다. 일부 특수한 경우에는 선택적으로 적극적 안락사를 허용할 필요가 있다고 본다. 하지만 이는 극소수다. 아직은 적극적 안락사를 허용하지 않더라도 거의 모든 상황에서 환자를 도울 수 있다.

디그니타스 회원 수
(단위: 명)

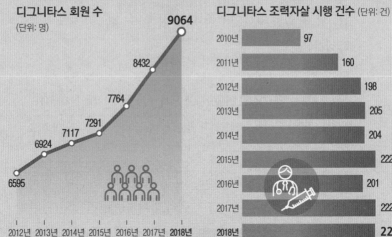

연도	회원 수
2012년	6595
2013년	6924
2014년	7117
2015년	7291
2016년	7764
2017년	8432
2018년	9064

디그니타스 조력자살 시행 건수 (단위: 건)

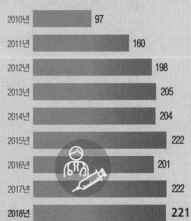

연도	건수
2010년	97
2011년	160
2012년	198
2013년	205
2014년	204
2015년	222
2016년	201
2017년	222
2018년	221

〈자료 : 디그니타스〉

디그니타스에서 조력자살한 사람들의 국적 (단위: 명)
※1998~2018년 기준

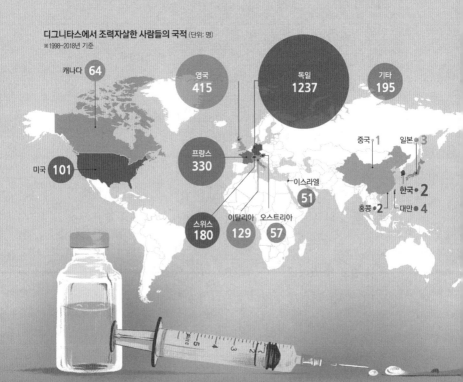

캐나다 64
영국 415
독일 1237
기타 195
중국 1
일본 3
미국 101
프랑스 330
이스라엘 51
한국 2
홍콩 2
대만 4
스위스 180
이탈리아 129
오스트리아 57

조력자살이 허용되면 경제적으로 치료를 받을 만한 돈이 없는 사람들이 사실상 자살을 강요받을 수 있다는 우려가 있다. 이에 대한 견해는.

조력자살이나 안락사를 허용한다면 모든 국민이 최고의 의료 서비스를 누릴 수 있는 공공 의료 시스템과 통증 완화의료 제도도 동시에 갖춰져 있어야 한다. 그래야 치료를 받을 돈이 없거나 다른 선택지가 없어서 조력자살을 선택하는 일이 발생하지 않는다. 현재 안락사를 허용한 나라들은 모두 이런 공공 의료 시스템이나 완화의료 제도가 매우 잘 갖춰져 있다.

지켜보는 가족들의 외상 후 스트레스 장애(트라우마)가 매우 크다는 의견도 있다.

사실이 아니다. 오히려 더 큰 트라우마를 남기는 건 가족에게 말없이 혼자서 위험한 자살을 시도했을 때다. 우리는 조력자살을 준비할 때 가족이나 친구들과 함께하는 것이 매우 중요하다고 말한다. 가족과 친구들이 조력자살을 받아들일 준비가 돼 있지 않은 경우엔 트라우마가 생길 수 있기 때문이다. 주변 사람들이 모든 여정의 동반자가 돼야 한다. 그래서 우리는 단순히 조력자살(assisted suicide)이라고 하지 않고 동행자살(accompanied suicide)이라고 한다.

디그니타스가 너무 비밀스럽다는 얘기도 있다. 사무실의 주소는 왜 공개하지 않는가.

우리는 사무실에서 일하는 직원이 12명밖에 되지 않는 비영리 단체다. 그런데 전 세계 사람들이 매일같이 온다고 상상해보라. 가끔 디그니타스를 병원으로 착각하고 멀리 외국에서 찾아오는 사람들이 있다. 굳이 여기까지 오지 않더라도 얼마든지 전화나 이메일 등으로 소통할 수 있다.

한국도 조력자살을 허용해야 한다고 생각하나.

물론이다. 한국인은 한국에서 통증 완화의료와 소극적 안락사, 조력자살, 적극적 안락사 등 삶의 마감에 대해 모든 결정을 할 수 있는 권리를 가져야 한다. 물론 이는 한국인들이 결정할 문제다. 다만 한국인들도 스위스인과 똑같은 선택을 할 기회는 있어야 한다. 농담 같지만 우리는 (디그니타스가) 없어지기 위해 일한다. 더는 디그니타스를 찾는 사람이 없으면 우리는 문을 닫을 것이다. 그게 우리의 목표이고 철학이다.

인터뷰는 2시간가량 진행됐다. 실반 룰라이는 기사를 쓸 때 자신의 이름과 직함 대신 '디그니타스 팀'으로 써줬으면 좋겠다고 했다. 개인보다 공동의 가치를 추구하는 팀으로서 의미가 있다는 설명이었다. 그동안 주고받은 메일에서도 담당자의 이름 대신 '디그니타스 팀'이라고 보내왔다. 그러면서도 룰라이는 "어디까지나 언론사의 자유를 존중하겠다"고 덧붙였다. 우리는 기사에 이름과 직함을 그대로 썼다. 디그니타스의 취지는 이해했지만 인터뷰이의 이름을 공개하지 않을 이유가 없었기 때문이다.

인터뷰를 마치고 나오면서 우연히 다른 사무실에서 나오는 한 노인과 마주쳤다. 움직임이 느리고 거동이 불편해 보이는 그 평범한 80대 노인이 창립자 루드비히 미넬리였다. 그와 직접 인터뷰하지는 못했지만 짧은 인사를 나눌 수 있었다. 한국에서 온 기자라고 소개하며 악수를 청하자 "알고 있다"며 천천히 화답했다.

우리가 나중에 인터뷰했던 법의학자 미하엘 탈리Michael Thali 교수는 디그니타스에 가거든 꼭 미넬리를 만나볼 것을 권했다. 디그니타스의 조력자살 사건을 담당하며 미넬리를 수차례 만나기도 한 탈리 교수는 이렇게 그를 소개했다. "원래 기자였던 미넬리는 법을 공부하기 시작하더니 갑자기 조력자살에 몰두하기 시작했다. 모든 사람이 죽고 싶을 때 죽을 권리가 있다는 게 그의 생각이었다. 처음에는 스위스 사람만을 대상으로 시작한 것 같은데 곧 전 세계 사람으로 확대했고, 시한부 암 환자에서 우울증이나 정신 질환을 앓고 있는 사람에게까지 범위를 넓혀나갔다."

디그니타스는 1998년 5월 루드비히 미넬리에 의해 설립됐다. 그는 원래 지역 일간지와 타블로이드 잡지 등에서 일하던 기자였지만 뒤늦게 취리히대에 들어가 법학을 공부하고 54세의 나이에 변호사가 됐다. 그때까지만 해도 외국인을 대상으로 조력자살을 전문적으로 도와주는 단체는 없었다. 그런 상황에서 법과 여론을 이용할 줄 아는 미넬리가 조력자살을 원하는 수요와 '이기적 동기로 자살을 도왔을 경우 처벌할 수 있다'는 한 줄짜리 조항의 법적 공백을 활용해 외국인을 대상으로 한 조력자살 단체를 세우고 운영하게 된 배경이 읽히는 대목이다.

디그니타스 설립 20주년 자료를 보면 디그니타스의 출발점은 자살 예방 운동이었다고 소개하고 있다. 미넬리는 당시 스위스에서 가장 큰 조력자살 지원 단체였던 엑시트의 책임자 페터 홀렌슈타인 Peter Holenstein 의 법률 자문을 맡고 있었다. 홀렌슈타인은 단체가 자살 시도를 줄이는 일에 참여해야 한다고 이사회에 제안했다가 반대 세력에 부딪혀 좌절되고 말았다. 이사회 발언권이 없었던 미넬리는 곧바로 이 초안을 기초 삼아 새로운 단체를 만들었는데 그게 디그니타스다.

디그니타스는 자살 충동을 혼자 감내하다가 몰래 감행하는 자살 시도를 줄이려면 자살 욕구를 터놓고 얘기할 수 있어야 하며, 조력자살이라는 일종의 탈출구를 마련해놓아야 한다고 주장한다. 자살하는 사람들은 대개 수십 번의 자살 시도와 실패를 경험하는데, 조력자살이 이런 고통을 줄여줄 수 있다는 것이다. 하지만 지금의 디그니타스 역시 자살 예방이라는 명분을 내세웠을 뿐 다른 조력자살 지원 단체들처럼 조력자살에 집중하는 모습은 크게 다르지 않다.

스위스 조력자살의 법적 배경

스위스에서 조력자살의 역사는 근대 계몽기까지 올라간다. 스위스에선 오래전부터 관습적으로 조력자살이 이뤄져왔는데, 20세기 초까지 정부는 자살을 돕는 것을 처벌하지 않았다. 그러다가 자녀가 재산을 빨리 상속받으려는 의도로 부모의 자살을 돕는 등 여러 문제가 발생하자 스위스 정부는 1942년 조력자살의 악용을 막는 형법 115조를 제정했다.

1942년 1월 1일부터 효력이 발생한 이 조항은 '이기적인 동기로 타인의 자살이나 자살 시도를 유발하거나 조력하여, 만일 그 타인이 실제 자살을 하거나 자살 시도를 하였다면 5년 이하 징역이나 벌금형에 처한다'고 명시했다. 다시 말해, 영리를 취하는 등 이기적인 목적을 위해 자살을 도운 게 아니라면 처벌하지 않는다는 의미로 해석될 수 있는 것이다.

스위스에서는 이를 조력자살의 근거로 삼고 있을 뿐, 존엄사의 의미로 조력자살을 명시한 법은 여전히 존재하지 않는다. 그래서 디그니타스의 창립자 루드비히 미넬리가 검찰에 기소됐을 때도 주요 혐의는 얼마나 많은 사람을 조력자살로 이끌었느냐가 아니라, 조력자살을 돕는 과정에 영리 목적이 있었는가였다. 스위스에서 외국인 조력자살이 허용되는 근거 역시 관련 조항이 있어서가 아니라 이를 규제하거나 처벌하는 조항이 없기 때문이다.

개인의 자율성을 중요한 가치로 여기는 스위스에서 법은 최소한의 원칙만을 정하고, 그 안에서 모든 것을 허용하는 사회·문화적 분위기가 강하다. 그런 구조 속에서 디그니타스와 같은 외국인 조력자살 지원 단체가 설립될 수 있었던 것인데, 모든 것을 법으로 세세히 규정하는 우리나라의 관점에서 보면 '법적 공백'처럼 비칠 수도 있다. 즉 법적 공백 덕분에 환자에게 치사약을 처방하는 의사나 자살을 도와주는 단체들이 처벌을 피할 수 있었다고 볼 수 있다. 이런 점 때문에 스위스의 대학병원에서는 의사가 조력자살 처방전을 내지 못하도록 별도의 가이드라인을 두기도 한다.

한국의 형법 역시 자살을 죄로 규정하지는 않지만 자살교사와 자살방조는 죄로 규정한다. 다만 스위스와 달리 '동기'로 죄의 유무를 구분하지 않아 조력자살이 허용될 틈이 없다. 한국에서 환자가 간절히 죽음을 원해 의사가 '선의'로 치사약을 처방해도 예외 없이 처벌되는 건 이 때문이다.

스위스에서도 조력자살의 법적 근거를 분명히 만들자는 목소

율리안 마우스바흐 취리히대 법학 교수. 사진 김형우

리가 나온다. 율리안 마우스바흐Julian Mausbach 취리히대 법학 교수
는 형법 115조에 대해 설명했다.

"조력자살에 대한 정확한 법적 규정이 필요하다는 논의도 있
었지만, 형법 115조만으로도 충분하다는 판단을 하면서 새로운
조항은 만들지 않았다. 다만 형법 115조에서 '이기적인 동기'라고
하는 부분이 애매하고 지금까지는 정확한 규정이나 가이드라인
도 없기 때문에 맹점이라고 할 수 있다. 조력자살 진행에 관한 가
이드라인이나 규칙이 있다면 더 실용적이고 명확할 거라고 생각
한다."

이런 주장이 나오는 것에 대해 디그니타스는 반대한다. 실반
룰라이는 "마우스바흐 박사의 의견은 표면적으로는 조력자살에
동의하는 것처럼 보이지만 사실은 끊임없이 규정을 만들려고 하
는 것이다. 이는 결국 환자들이 조력자살에 접근하는 걸 더 어렵

게 만든다"고 했다.

조력자살을 허용하는 범위를 두고서도 스위스 내에서 여전히 갑론을박이 팽팽하다. 초기엔 말기 암 환자나 전신 마비 같은 육체적으로 심각한 문제가 있는 환자들에게만 조력자살이 허용됐다. 그러다가 2006년부터 특정 질병이 없어도 무기력할 수밖에 없는 고령의 노인과 우울증 등 정신적 문제를 가진 사람들도 조력자살을 할 수 있게 됐다. 스스로 삶을 마감하고자 했던 한 정신질환자가 스위스 연방대법원을 상대로 소송해서 이긴 결과다. 당시 대법원은 스스로 판단 능력이 있는 사람이라면 누구나 자신의 삶을 끝내는 시간과 방법에 대해 정할 권리가 있다고 결론 내렸다. 여기에는 삶의 의미를 잃어버린 우울증 환자도 포함된다.

취리히대 법의학연구소의 미하엘 탈리 교수는 달라진 상황을 설명했다. "20년 전에는 조력자살 신청자가 우울증이 있으면 정신과 의사는 그에 대해 스스로 죽음을 판단할 능력이 없다고 봤지만, 요즘은 상황이 바뀌어 우울증 환자도 조력자살을 할 수 있게 됐다. 법이 바뀐 건 없지만 같은 법을 바라보는 스위스 사회의 이해력이 달라진 것 같다."

디그니타스와 외국인 조력자살

우리는 스위스 현지를 취재하는 과정에서 조력자살과 관련한 사회적, 정치적 배경을 잘 알고 있는 중요한 두 사람을 만났다. 앞서 소개한 취리히대 법의학연구소의 탈리 교수와 디그니타스의 블루하우스를 관할하는 우스터검찰청의 담당 수석검사다. 법의학자인 탈리 교수는 20년 동안 조력자살 사망자의 시신을 검사해왔으며, 2011년 취리히대 법의학연구소로 온 이후 블루하우스에서 시행되는 조력자살 사망자에 대한 검시를 맡고 있다.

조력자살 사망 보고서는 이들에 의해 작성된다. 사실 이들을 찾은 건 스위스 조력자살 전 과정을 따라가며 관계자들의 생생한 목소리를 듣고자 한 이유도 있지만, 다른 한편으로는 한국인 사망자에 대한 실마리를 찾기 위해서였다. 그러나 두 사람에게서 사망자에 관한 힌트는 얻을 수 없었다. 그 대신 이들과의 대화를 통해 스위스에서 외국인 조력자살이 이뤄진 배경, 사회적 쟁점,

스위스 내 조력자살 사망자수 (단위: 명)

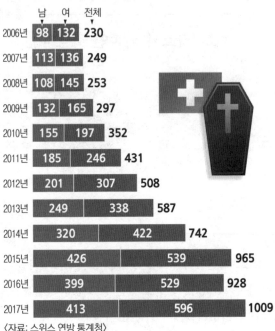

	남	여	전체
2006년	98	132	230
2007년	113	136	249
2008년	108	145	253
2009년	132	165	297
2010년	155	197	352
2011년	185	246	431
2012년	201	307	508
2013년	249	338	587
2014년	320	422	742
2015년	426	539	965
2016년	399	529	928
2017년	413	596	1009

〈자료: 스위스 연방 통계청〉

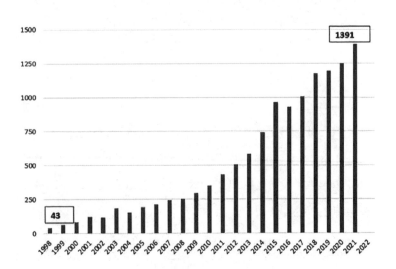

그리고 스위스 정부의 속사정을 읽을 수 있었다.

스위스에서 1998년부터 2022년까지 25년간 디그니타스를 통해 생을 마감한 이들은 3666명이었다(디그니타스 외 단체들까지 포함하면 이보다 훨씬 많다). 특히 독일과 영국, 프랑스 등 안락사가 금지된 주변 국가에서 안락사를 원하는 사람이 스위스로 넘어오는 일이 빈번해졌다. 이를 두고 일각에서는 '디그니타스가 자살 관광(suicide tourism)을 조장한다'는 비판도 나오고 있다. 탈리 교수가 디그니타스의 블루하우스를 두고 "마치 죽음을 찍어내는 공장 같다"고 묘사한 것도 이러한 맥락에서다.

그럼, 스위스에서는 언제부터 외국인에게도 조력자살을 허용했을까. 스위스에서 외국인 조력자살이 사실상 가능해진 건 1998년 디그니타스가 설립된 이후부터다. 물론 그때 법이 바뀌거나 한 건 아니다.

앞서 밝혔듯 1942년부터 조력자살이 용인됐지만 막상 치사약을 처방해줄 의사를 찾는 건 쉽지 않았다. 이런 필요에 따라 조력자살을 원하는 환자와 이를 도와줄 의사를 찾아 연결해주는 민간 단체들이 하나둘씩 생겨나기 시작했다. 1982년 스위스에서 가장 큰 조력자살 지원 단체인 엑시트가 설립됐다. 엑시트는 자국민만 회원으로 받고 있는데 회원 수가 2023년 말 기준 16만 7631명이었다. 스위스 인구가 885만 명 수준이니 전 국민 중 1.8퍼센트 정도가 가입한 셈이다.

그 후 설립된 디그니타스는 대상을 외국인으로까지 넓혔다. 스위스로 온 외국인의 자살을 돕는다고 해서 법적으로 문제 될 건 없었다. 양로원 등에서 가끔 시행되던 조력자살은 이러한 단체들이 설립되면서 점차 조직적이고 체계적인 형태로 자리를 잡아갔고, 세계적으로도 알려지게 됐다.

점차 조력자살 지원 단체들의 규모가 커지면서 스위스 현지에서 우려의 목소리도 나오고 있다. 2011년 5월 취리히주 의회는 조력자살 자체를 금지하고, 외국인에게도 조력자살을 허용하지 않는 법안을 각각 상정했다. 하지만 당시 취리히주 시민의 85퍼센트와 78퍼센트가 각각 반대표를 던지면서 기존의 법안을 유지하는 것으로 일단락됐다.

이러한 법안이 발의된 배경에는 조력자살이 일상화되는 데 대한 우려뿐 아니라 외국인 무임승차론 같은 문제도 있다. 조력자살이 발생하면 일단 스위스 검찰과 경찰, 법의학자로 이뤄진 조사팀이 현장에 나가 조사해야 한다. 현지의 주요 일간지는 조력자살 한 건당 3000~5000스위스프랑의 비용이 드는 것으로 추산했다. 앞서 말했듯이 현지 화장장도 세금으로 무료 운영되고 있다. 그런데 디그니타스가 외국인 (조력자살) 희망자들을 끌어들임으로써 외국인 사망 처리에 드는 스위스의 사회적 비용이 증가한 셈이다.

탈리 교수도 사회적 비용을 언급했다. "(디그니타스에서) 거의 매일 조력자살이 이뤄지면서 조사팀은 통상 근무시간 중 3시간가량을 조력자살 조사에 매달려야 하는 실정이다. 그런데 디그니타스는 회원비를 받는다지만 외국인 주검을 처리하는 사회적 비

Country	Total number of AD/AS deaths at Dignitas between 1998-2022	Total percentage of AD/AS deaths at Dignitas between 1998-2022
Germany	1449	39.53%
UK	531	14.48%
France	499	13.61%
Switzerland	226	6.16%
Italy	207	5.65%

1998~2022년 디그니타스를 통한 조력자살 사망자 수와 비중, 국가별 통계.
'AD/AS'는 '조력사망/조력자살.' 출처: 영국 의회(https://publications.parliament.uk/) 2024년 2월

Swiss residents' AD/AS deaths in Switzerland between 2015-2021

	2015	2016	2017	2018	2019	2020	2021
Number of AD/AS deaths (Swiss residents)	965	928	1009	1176	1196	1251	1391

2015~2021년 스위스 국내 조력자살 사망자 수, 연도별 통계. 출처: 영국 의회

용은 모두 스위스인이 부담하는 셈이다."

이런 탓에 디그니타스를 바라보는 당국의 시선은 곱지 않다. 검찰과 디그니타스는 여러 차례 부딪쳤다. 스위스에서 이뤄지는 조력자살 사건에 대해 검찰과 경찰은 주로 두 지점에 주목한다. 하나는 사망자가 조력자살을 신청할 당시 스스로 죽음을 결정할 능력과 의사가 있었는지 같은 정신적 상태를 진단하는 것이고, 다른 하나는 사망 후 당사자의 신원을 확인하는 것이다. 이 두 가지에 이상한 점이 없으면 사건을 종결한다.

외국인 사망자의 경우 신원을 파악하고 조력자살을 실행할 당시 판단 능력이 있었는지를 확인하는 데 더 많은 시간이 소요된다. 블루하우스가 있는 패피콘 지역을 담당하는 우스터검찰청의 마누엘 케클리Manuel Kehrli 수석검사는 "병 때문에 신분증의 모습과 사망자의 모습이 다른 경우도 많고, 가족이나 지인들이 이미 자리를 떠나 조사 과정에서 종종 어려움을 겪는다"고 말했다. 이런 점 때문에 디그니타스는 조력자살이 이뤄질 때 당사자가 직접 약물을 먹는 장면을 비디오 촬영해 보관했으나, 몇 년 전부터는 이마저도 하지 않고 있다. 케클리 검사도 이 점을 지적했다. "이 문제를 두고 디그니타스와 심한 논쟁이 있었으나 비디오 녹화가 디그니타스의 의무는 아니어서 결국은 하지 않게 됐다. 그래도 법의학자가 직접 블루하우스로 가 타살 흔적을 검사하기 때문에 큰 문제는 없다."

취리히주 검찰은 2017년에도 디그니타스 설립자이자 공동대표인 루드비히 미넬리가 조력자살을 돕는 과정에서 이익을 취했다며 기소했고, 2018년 1심에서 미넬리가 무죄를 선고받자 즉각 항소했다. 이보다 전인 2010년에는 취리히호 바닥에서 50개가 넘는 유골함이 발견됐는데, 디그니타스 전 직원인 소라야 베른리 Soraya Wernli라는 여성이 영국 매체와의 인터뷰에서 디그니타스가 300개가 넘는 유골함을 호수에 버렸다고 말해 부정적 여론이 커졌다. 그러나 디그니타스가 실제 유골함을 호수에 버렸는지는 밝혀지지 않았다.

디그니타스가 검찰에 기소된 이유 가운데 하나는 회원들에게서 회비와 후원을 받고 있다는 점 때문인데, 이것이 이익을 보는 행위가 아니냐는 것이다. 조력자살을 신청하려면 우선 디그니타스의 회원이 돼야 하는데, 최초 가입비는 200스위스프랑(25만 원가량)이다. 매년 최소 80스위스프랑(10만 원가량)의 연회비를 내야 회원 자격이 유지된다. 회비를 내면 디그니타스 소식을 메일 등으로 받아볼 수 있다.

조력자살을 하려면 별도의 비용이 든다. 조력자살에 필요한 의사 진단과 약 처방에서부터 사후 장례 및 행정 처리 등을 포함해 7500~1만 500스위스프랑(1000만~1500만 원)이 든다고 디그니타스는 안내하고 있다(스위스까지 가는 항공료와 체류비까지 고려하면 외국인에겐 적어도 2천만 원 안팎의 비용이 든다). 디그니타스는 홈페이지를 통해 비용 항목을 공개하고 있는데, 조력자살을 도와줄 의사를 찾는 데 가장 많은 비용(4000스위스프랑)이 든다고 한다.

의사는 환자의 병세를 보고 '그린 라이트'를 줄지 안 줄지를 결정하고 두 번의 대면 인터뷰를 진행한 뒤 약을 처방한다. 디그니타스는 인터뷰에서 디그니타스에 소속된 의사는 없다고 밝혔지만, 우리가 만난 법의학자는 블루하우스에서 이뤄진 조력자살에 관한 보고서를 보면 늘 같은 이름의 의사가 등장한다고 말했다.

비판 여론 가운데에는 디그니타스가 자살을 부추긴다는 부정적 시각도 있다. 이는 조력자살이 스위스 내에서 법적, 제도적으로 자리 잡았다기보다는 법적 공백 속에서 허용된 것이 아닌가 하는 의구심이 들게 한다. 예컨대 스위스로 와 조력자살을 하려는 외국인들의 경우 예상보다 건강해 보이는 경우가 많다. 시한부 선고를 받은 환자라 해도 어느 정도 체력이 남아 있어야 스위스까지 올 수 있기 때문이다. 또 신청자들이 줄을 잇는 탓에 자신이 원하는 날짜에 삶을 마감하는 것도 사실상 불가능하다. 이런 사정상 외국에서 온 조력자살 희망자들은 몇 달간이나 더 살 수 있는 상태에서 마지막 여행을 감행할 수밖에 없다. 취리히에서 만난 한 30대 남성은 "어떤 사람들은 자신이 직접 운전해서 취리히에 오기도 하는데, 정말로 시한부 선고를 받은 말기 환자인지 믿기지 않는다. 디그니타스가 이들의 죽음을 재촉하는 건 아닌지 모르겠다"며 강한 의심을 드러냈다.

디그니타스가 비밀스레 운영된다는 점도 부정적 여론을 키우는 원인 중 하나다. 디그니타스가 창립자 루드비히 미넬리 외에 직원 이름을 공개하는 일은 극히 드물다. 디그니타스와 대면 인터뷰를 하기 전 십여 차례 메일을 주고받았으나 그때까지 보낸 사람은 늘 '디그니타스 팀'으로 돼 있었다. 대면 인터뷰가 확정되자 그제야 실반 룰라이가 자신의 이름을 밝혔다. 앞서 말했지만 인터뷰한 이후 기사가 나갈 때도 룰라이는 개인의 이름보다는 '디그니타스 팀'으로 표기하면 좋겠다고 했다. 그들의 일이 개인 한 사람의 일이 아니라 디그니타스가 하는 일이라는 이유였다. 현재 디그니타스는 홈페이지에 사무실 주소를 공개하지 않고 그 대신 우편함 주소만을 밝히고 있다.

스위스는 어떻게 조력자살을 허용하게 됐나

"죽고자 하는 욕망 역시 다양하다"

스위스는 독일어, 프랑스어, 이탈리아어, 레토로망스어 등 네 가지 언어를 쓴다. 북쪽에 독일, 동쪽에 리히텐슈타인과 오스트리아, 남쪽에 이탈리아, 서쪽엔 프랑스에 둘러싸여 형성된 다민족 국가다. 이런 언어적·지리적 환경에서도 기인하는 것이겠지만 타문화에 우호적이고 열려 있다는 인상을 받았다. 한국에서 취재를 하러 왔다고 하면 대체로 친절히 응대하면서 성심성의껏 답변해 줬다. 스위스에서 영어는 공용어가 아니지만 영어로 소통하는 일이 그리 어렵지 않았다. 영어로 소개된 자료도 많았으며, 정부나 기관을 취재할 때에도 영어로 메일을 보내면 답신을 받을 수 있었다. 인터넷을 통해 다 찾지 못한 정부 통계를 확인하기 위해 담당자에게 메일을 보냈더니 이삼 일 안에 관련 자료와 함께 답장이 오기도 했다.

짧은 기간이었지만 취재를 위해 만난 사람들은 종종 "그건 개인의 자율이다" "모든 사람은 외국인이든 아니든 똑같다"라고 말했는데, 스위스 사람들은 타 문화를 배려하듯 개인의 자율성에 높은 가치를 부여했다. 소소한 일상에서 대중교통을 이용할 때도 이런 자율성을 존중하는 문화가 깔려 있다는 느낌을 받았다.

스위스에선 버스나 지하철, 트램을 이용할 때 승차표를 찍거나 확인하는 절차가 전혀 없었다. 정류장 어디서든 그냥 차에 올라타면 그만이었다. 그런데도 사람들은 줄을 서서 티켓 발매기에서 자신이 이동하는 거리만큼 돈을 넣고 승차권을 샀다. 디그니타스를 관할하는 우스터검찰청에 갔다가 시내로 돌아오는 길에 버스를 타야 했는데 근처에 티켓 발매기가 없었다. 두 정거장 정도만 가서 어차피 갈아타야 했던 터라 일단은 그냥 표 없이 타고 가고 나중에 표를 끊으면 어떨까 하고 통역사에게 얘기했더니, 통역사는 "표 없이 타는 건 안 된다"며 그녀가 미리 구입해놓은 표들 중 하나를 건네줬다. 스위스에서 오랫동안 생활한 그녀는 "차표를 검사하지는 않지만 스위스 사람들이 차표 없이 타는 일은 거의 없다. 무임승차를 했다가 적발되면 벌금을 내는 게 무서운 게 아니라 그런 일 자체를 부끄럽게 여긴다"고 말했다.

스위스 하면 흔히들 스위스 은행의 비밀 계좌를 떠올리는데, 실제로 정부도 개인의 프라이버시에 대해 함부로 관여하지 않고 엄격히 존중했다. 검찰은 디그니타스의 외국인 조력자살 지원에 대해 부정적 입장을 취하고 있으면서도 이웃 국가에서 스위스로 넘어와 조력자살을 한 자국민의 정보를 요구할 때 넘겨주지 않는다고 했다.

우리는 일주일 동안 스위스에서 검찰과 법학 교수, 법의학자, 의대 교수, 장례업체 대표, 조력자살 지원 단체 등 각계각층의 전문가들을 만나면서 한 가지를 깨달았다. 조력자살로 죽음을 맞이하는 이들을 바라보는 시각은 조금씩 달랐지만 공통점은 분명했다. 개인의 자기결정권을 존중하고 더 나아가 최우선으로 여긴다는 점이다.

스위스는 스스로 목숨을 끊는 선택까지 법적으로 인정하는 몇 안 되는 국가다. 꼭 말기 암이나 전신 마비의 고통을 겪는 환자가 아니어도 된다. 최근에는 마음의 병을 앓아 삶의 욕구를 잃은 이들까지 조력자살로 자신의 생을 마감하고 있다. 하지만 조력자살의 위법성 논란은 스위스에서 이미 끝났다는 게 우리가 만난 이들의 공통된 의견이었다. 스위스 연방통계청에 따르면 2018년 한 해 스위스에서 조력자살로 사망한 이는 1176명으로 전체 사망자의 1.8퍼센트 수준이었다가 2021년 1391명, 전체 사망자의 1.95퍼센트 수준으로 늘어났다(2019년 1196명, 2020년 1251명).

물론 스위스가 조력자살을 허용한 건 개인의 자기결정권을 존중하는 사회적 분위기 때문만은 아니다. 높은 자살률도 배경 중 하나로 꼽힌다. 자살을 완벽히 막는 것이 불가능하다면 비교적 인간답게 죽는 방법을 열어주자는 여론이 법과 제도를 바꿨다. 실제로 스위스에선 2012년과 2016년 사이에 열차 투신자살이 매년 100건 이상 발생해 사회문제가 됐다. 또 그전에는 총기 자살이 이슈였다.

스위스 자살률은 2020년 기준 인구 10만 명당 10.6명으로 경제협력개발기구(OECD) 회원국 가운데 중위권을 기록했다 (OECD Health Data). 자살률 세계 1위, 2위 자리를 놓치지 않는 우리나라처럼 압도적으로 높지는 않지만, 그해 일인당 국민총소득 (GNI)이 8만 1740달러로 세계 최상위의 경제·복지를 나타낸 것을 고려하면 결코 낮은 편이 아니다. 원인은 뚜렷하지 않다. 다만 흐린 날이 많은 기후 조건과 삶의 의미를 찾지 못할 정도로 평온하지만 외로운 삶 등이 원인으로 꼽힌다. 1997년에는 스위스 자살률(인구 10만 명당 18.7명)이 우리나라(15.6명)보다 더 높기도 했다. 2020년 기준 한국의 자살률은 24.1명으로 OECD 국가 중 1위를 기록했다.

스위스 내에서도 조력자살에 대한 우려가 없는 건 아니다. 특히 질병으로 고통받는 노인들이 치료비 부담 때문에, 혹은 자신을 병간호하기 힘든 자녀의 눈치를 보느라 조력자살을 택할 수도 있다는 가능성은 분명히 있다. 누군가는 자살을 강요받을 수 있다는 의미다. 그러나 확실한 건 우리나라와 사회적 배경이 많이 다르다는 점이다. 스위스의 복지 체계는 스웨덴 같은 북유럽 국가처럼 보편적 복지는 아니지만, 적어도 가난한 사람들이 적절한 의료 혜택을 받을 수 있도록 선택적 복지가 잘돼 있는 나라에 속한다. 노인들이 자식들에게 등 떠밀려 조력자살을 택하는 경우는 극히 드물 수밖에 없다.

우리는 부르크비젠 요양원의 의료과장을 겸하는 게오르크 보스하르트Georg Bosshard 취리히대학병원 교수의 안내로 스위스의 요

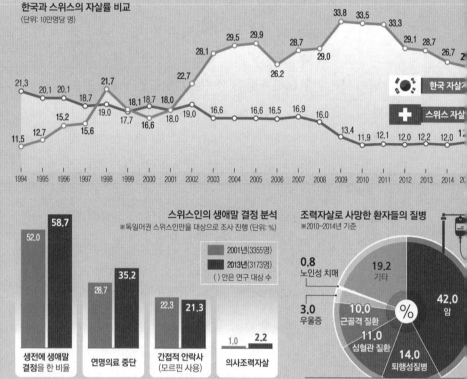

한국과 스위스의 자살률 비교
(단위: 10만명당 명)

21.3 20.1 20.1 18.7 21.7 18.1 18.7 18.0 22.7 28.1 29.5 29.9 28.7 29.0 33.8 33.5 33.3 29.1 28.7 26.7

15.2 19.0 17.7 16.6 18.0 19.0 16.6 16.6 16.5 16.9 16.0 13.4 11.9 12.1 12.0 12.2 12.0

11.5 12.7 15.6

1994 1995 1996 1997 1998 1999 2000 2001 2002 2003 2004 2005 2006 2007 2008 2009 2010 2011 2012 2013 2014 20

한국 자살

스위스 자살

스위스인의 생애말 결정 분석
※독일어권 스위스인만을 대상으로 조사 진행 (단위: %)

52,0 58.7

28.7 35.2

22.3 21.3

1.0 2.2

생전에 생애말 결정을 한 비율

연명의료 중단

간접적 안락사 (모르핀 사용)

의사조력자살

2001년(3355명)
2013년(3173명)
( ) 안은 연구 대상 수

〈자료: 게오르크 보스하르트 취리히 대학병원 노인병학 의사, 생애말 결정에 관한 스위스 경향성 분석〉

조력자살로 사망한 환자들의 질병
※2010~2014년 기준

0.8 노인성 치매
3.0 우울증
19.2 기타
42.0 암
10.0 근골격 질환
11.0 심혈관 질환
14.0 퇴행성질병
%

〈자료: 스위스 연방 통계〉

양원을 방문할 기회를 가질 수 있었다. 우리나라에서 요양원은 자식들이 부양할 여력이 없는 경우 맡겨지는 불행한 곳으로 인식되지만, 스위스에서는 40퍼센트 정도의 노인이 양로원이나 요양원에서 생활하고 있다. 보스하르트 교수는 노후 상황을 이렇게 설명했다.

"이탈리아만 해도 아직까지 부모를 부양해야 한다는 인식이 남아 있는데, 그 밖의 유럽에서는 부모가 요양원에 간다고 해서 그게 나쁘다고 생각하지 않는다. 누구나 원하면 요양원으로 온다." 다만 스위스의 경우 간병 시스템이 잘 발달해서 자신의 집에서 생활하는 노인이 늘어나고, 요양원은 마지막에 호스피스 차원에서 이용하는 사람들이 많다고 했다.

요양 시설은 매우 깨끗하고 쾌적했다. 150명 가운데 치매 어르신은 25명 정도로, 치매 노인이 생활하는 층은 별도로 구분돼 있었다. 어르신들은 각자 개인 방을 갖고 자신이 원하는 스타일로 방을 꾸미고 취미 생활을 누렸다. 넓은 공용 공간에서 체스를 두거나, 혼자 신문을 보고, 여럿이 모여 티타임을 갖는 어르신들이 보였다. 보스하르트 교수에 따르면 이곳 어르신들은 자유롭게 외출이 가능하고 일부는 직접 차를 몰아 나갔다 오기도 한단다.

보스하르트 교수가 우리를 한국에서 온 기자라고 소개하자 어르신들이 반갑게 인사했다. 요양원에 대해 궁금해하자 카드놀이를 하고 있던 할머니 중 한 분이 자신의 방을 보여주겠다고 했다. 90세의 호네카 할머니였다. 할머니를 따라 방들이 있는 곳으로 갔는데, 개인 방은 호수가 분리돼 있어 완전히 자신만의 공간으로 생활할 수 있는 구조였다. 문을 열자 할머니가 왜 자신의 방을 보여주겠다고 했는지 알 것 같았다.

호네카 할머니의 방은 다채로운 그림들로 아기자기하게 꾸며져 있었고 좋은 냄새가 났다. 그림은 모두 자신이 직접 그린 것으로, 3년 전부터 그림을 그리기 시작했다고 한다. 자식들과 손주들까지 대가족이 함께 찍은 사진이 액자에 담겨 있었다. 할머니는 일일이 손주들을 소개했다. 보스하르트 교수는 "그림을 그리는 것은 할머니가 건강히 지낼 수 있는 중요한 원동력이 된다"고 귀띔했다.

스위스의 요양 시설은 개인의 생활이 온전히 존중받을 수 있다는 점에서 오직 보호만을 목적으로 하는 우리나라의 시설과는 근본적인 차이가 있었다. 늙고 혼자 힘으로 생활하는 게 점점 어려워진다고 해서 개인적인 생활공간과 사생활을 지키고 싶은 욕구마저 사라지는 것은 아니다. 나이가 들어도 내가 쓰던 식기와 침구를 그대로 쓰면서 내 집에서 자유롭게 살고 싶은 욕구는 사라지지 않는다. 그럼에도 우리는 나이가 든 노인을 대할 때 이런 인간적인 감정과 욕구에 대해서는 아랑곳하지 않고 오직 육체적 보호만을 염두에 두는 것 같다. 일단 요양병원에 모셔놓고는 안심하는 것이다.

그래서 스위스의 요양원이 좋았던 점은 노인들이 단체로 생활하는 시설이지만 그 안에는 완전히 분리된 개인 공간이 있고, 개인의 생활은 존중받는다는 것이었다. 물론 우리나라에서 이만한 시설을 갖춰놓고 노인들이 보편적으로 이용할 수 있는 데까지는

게오르크 보스하르트 취리히대학병원 노인병학 전문의. 사진 김형우

많은 시간이 걸릴 것이다. 노인 요양 시설이 앞으로 더욱 진화된
다면 이러한 방식을 좋은 예로 삼으면 좋겠다.

　노인병학 전문의로서 스위스 정부 차원의 생애말 결정에 관한
연구도 진행하고 있는 보스하르트 교수는 끝으로 개인의 다양성
에 대해 말을 꺼냈다.

　"스위스 문화는 여러 언어권과 문화 인식도 다양한데, 죽고자
하는 욕망 역시 다양하다. 좋은 시스템이란 다양한 사람의 희망
사항을 수용할 수 있는 것이 아닐까. 그런 측면에서 조력자살도
허용해야 한다. 좋고 나쁨을 떠나서 모든 생의 마지막 선택권을
열어놓고 수용할 수 있는 시스템을 갖추는 게 중요하다."

　한편 그는 대학병원에서 조력자살 처방전을 내는 것에 대해선
반대하는 의견을 냈다.

　"조력자살의 필요성에는 동의하더라도 이를 의사의 역할로 하

스위스의 부르크비젠 요양원에서 휠체어를 탄 노인이 신문을 읽고 있다. 사진 김형우

려는 사람은 없다. 조력자살이 의사의 의무가 아니라는 점에 대해서는 스위스 의사들 모두가 100퍼센트 동의할 것이다. 병원 한쪽에서는 생명을 살리려고 하는 반면 다른 한쪽에서는 자살을 돕는다는 것은 모순이다."

그들은 왜 디그니타스 회원이 됐나

"나를 위해, 남은 이들을 위해 안락사를 선택할 겁니다"

큰 병에 걸리면 삶에 대한 깊은 허무가 몰려오게 마련이다. 큰 병을 앓는 환자들 상당수가 실제로 우울증을 같이 겪는다고 한다. 경제적 어려움도 피할 수 없다. 이런 복합적 상황 속에서 환자가 존엄사를 이야기할 때 이것이 오직 존엄한 죽음을 맞이하기 위한 선택인지, 아니면 절망과 우울로 인한 충동인지, 고통을 피하기 위한 결심인지, 혹은 가족의 부담을 덜어주기 위한 희생인지 구분하기는 쉽지 않다.

같은 시간 환자의 가족이나 주변 사람들은 죽음이라는 불길한 생각에서 가능한 한 벗어나려고 애쓴다. 그러면서 환자는 자신의 죽음에 관해 주변 사람들과 이야기할 기회를 잃게 되고, 홀로 죽음에 대해 생각해야 하는 상황에 놓인다. 누구도 죽음을 피할 수 없는 운명이라면 결국 우리에게 필요한 것은 어떤 형태의 죽음이든 그것을 받아들이는 깊은 공감과 연대가 아닐까.

죽음을 맘먹은 사람의 결심은 어쩌면 우리가 생각한 것보다 훨씬 더 깊고 단단한 것인지 모른다. 케빈이 함께했던 박정호의 결심도 그랬다. 기사가 나간 뒤 케빈에게 들은 이야기이지만, 박정호는 몸이 약해져 비행기 탑승 허가가 나지 않을 경우 배를 타고 유럽으로 간 뒤 자동차를 타고 스위스로 가겠다는 계획을 세우고 있었다고 한다. 그 이야기를 들은 케빈은 더 이상 친구의 죽음을 막을 수 없다는 걸 느꼈다고 한다.

보도가 나간 뒤 메일 몇 통을 받았다. 그중에는 자신이 조력자살을 위해 스위스로 갈 때 동행 취재를 하게 해줄 테니 몇 가지 절차를 도와달라는 내용의 메일도 있었다. 한 30대 여성은 결혼하고 두 번이나 자살 시도를 했고 우울증으로 괴롭다고 밝혔다. 한번은 전국이 태풍의 영향권에 들어 장대비가 쏟아지던 날 72세의 어르신 한 분이 종이쪽지를 손에 든 채 신문사를 찾아와서는 아직은 건강하시만 스위스 디그니타스에 한번 가보고 싶다고도 했다.

기사에 달린 댓글에는 왜 자신의 죽음을 숨기고 싶어 하는 사람의 뒤를 쫓느냐는 비난도 있었다. 그러나 이 부분만큼은 동의할 수 없었다. 박정호가 선택한 삶의 마지막에는 우리 사회의 고민이 담겨 있기 때문이다. 존엄한 죽음은 무엇인가라는 해묵은 화두 앞에서 박정호는 남들이 가지 않은 길에 발자국을 남겼다. 그것만으로도 그의 죽음은 단순한 개인의 선택으로 치부할 수는 없었다. 그의 죽음은 사적이지만 공적이었다.

취재 과정에서 메일로 연락이 닿았으나 인터뷰하지 못한 디그니타스 회원도 뒤늦게 연락이 왔다. 40세의 이 여성은 성형수술을 했다가 부작용이 생기면서 우울증이 왔고, 지금은 죽는 것밖에 답이 없다고 했다. 디그니타스에 조력자살을 신청했으나 그린라이트를 받지는 못했다. 그녀는 2019년 1월부터 정신과 치료를 받고 약을 먹으면서 조금 나아지기는 했지만 그렇다고 죽고 싶은 마음이 사라진 건 아니라고 했다. 우울증 약은 치료제가 되지 못했고 약을 먹으면 그저 졸음 때문에 죽고 싶다는 생각을 덜하게 됐을 뿐이라는 것이다. 그러던 중 디그니타스를 알게 돼 회원 가입을 한 후 비로소 자신의 생각이 존중받았다는 느낌에 며칠 동안 울었다고 했다. 우리와 전화 통화를 한 뒤 그녀는 다음과 같은 메일을 보내왔다.

기자님, 혹시 제 이야기를 어디에 쓰시려거든 이 말도 꼭 첨부해주세요.

저는 극단적인 방법으로 제 마지막 순간을 마감하고 싶지 않고, 부패한 시신으로 발견되는 것이 무엇보다도 싫습니다. 깨끗하게 존엄성을 지키면서 가고 싶었기 때문에 디그니타스에 조력자살을 신청한 거였습니다. 저는 혼자 살고 있기 때문에, 또 가족이든 누군가에게 제 몸이 끔찍한 모습으로 발견되는 것이 싫었어요. 누군가에게 트라우마가 될 수도 있고, 저 자신도 수치스러울 거구요.

제가 원해서 평화롭고 조용하게 생을 마감하고 싶었습니다. 제가 숨어서 극단적인 자살을 한다면 저를 아는 주위 사람들의 입에 오르내릴 것이고, 저는 죄를 짓지 않았는데 죄인처럼 손가

락질을 받는 자살자로 기억될 것이니까요.

비록 외모에 사고를 겪어 삶의 고통과 마음의 병, 우울함에 생을 마감하지만 당당하게, 평화롭게 제 삶을 마감하고 싶었습니다. 이게 가장 중요한 포인트였어요.

자살 고위험군으로 분류될 수 있는 사람과 안락사에 관한 이야기를 나누는 것은 몹시 조심스러웠다. 어쭙잖은 조언은 도움이 되지 않을 것이었다. 그런 이유에서 디그니타스도 그들이 하는 이야기를 듣고, 그들의 '죽고자 하는 마음'에 깊이 공감하는 일부터 시작했을 것이다. 물론 여기서 더 나아가 우울증 환자의 죽을 권리까지 인정해 고통스러운 자살 대신 평화로운 죽음을 맞도록 도와야 하는가에 대해선 논란의 여지가 많다. 함께 생각해볼 문제다.

기사가 나가고 얼마 되지 않아 소설가 조수경이 쓴 〈아침을 볼 때마다 당신을 떠올릴 거야〉(2019)를 만났다. 소설은 안락사가 합법화된 현실을 그리는데 우리가 기사로는 차마 다룰 수 없었던 우울증 환자에 대한 안락사 허용 문제까지 다루고 있었다. 책을 읽으면서 우리의 현실 사회는 죽음에 대해 법률적 잣대로 너무 많은 규정을 짓고 있다는 생각이 들었다.

또 한 명의 한국인 디그니타스 회원인 30대 남성과 직접 만나 인터뷰했다. 그와는 스위스 취재 전인 2018년 11월, 취재를 마치고 돌아온 2019년 3월 두 차례에 걸쳐 인터뷰를 했고, 그 내용을 보도했다.

"죽음이 슬픔, 회한, 한탄으로 가득해야만 할까요. 헤어짐은 슬프지만 한편으로는 고통에서 해방되는 거잖아요. 남은 사람이 각자의 삶을 잘 살 수 있으려면 우리에게도 이별 준비가 필요하다고 봐요."

서울 강남구의 한 카페에서 만난 김 모(39세) 씨는 디그니타스 회원이 된 이유를 털어놓았다. 금융 회사에 다니던 김씨는 5년 전 인터넷에서 디그니타스에 대해 검색했다. 루게릭병으로 고통스러워하는 아버지를 보면서 다른 길을 찾던 중이었다. 근육이 차츰 퇴화하는 병이라고 하듯이 발병 초기에 아버지는 다리를 못 쓰게 됐고, 이어서 입, 소화기관, 호흡기, 팔 등 차근차근 모든 기관으로 번져갔다. 아버지는 말하는 것도, 식사를 하는 것도, 나중에는 숨을 쉬는 것조차 힘들어했다. 어머니는 24시간 아버지의 곁을 지켜야 했고, 집도 더 작은 곳으로 이사했다.

"3년 넘게 병으로 고통받는 아버지와 절망하는 가족을 보면서 안락사를 진지하게 생각하게 됐어요. 그러다 뇌종양에 걸린 미국 여성이 조력자살이 허용된 주로 가서 사랑하는 사람들에게 둘러싸여 죽음을 맞이했다는 기사를 읽게 됐지요."

29세의 미국 여성 브리트니 메이너드는 2014년 악성 뇌종양으로 6개월 정도의 시간밖에 남지 않았다는 시한부 삶을 판정받자 병원에서 항암 치료를 받는 대신 버킷리스트(죽기 전에 해보고 싶은 일의 목록)를 만들고 남편과 여행을 떠났다. 임종 전에는 살던 샌프란시스코를 떠나 조력자살이 허용된 오리건주로 가서 가족과 친구들이 지켜보는 가운데 눈을 감았다.

김씨는 아버지에게도 디그니타스 안내문을 보이며 스위스에는 조력자살이 있다는 얘기를 했다. 자신의 병이 어떻게 진행될지를 잘 아는 아버지는 잠깐 고민하는 듯했다. 하지만 옆에 있던 어머니와 다른 식구들은 "절대 안 된다"며 말렸다. 3년간 집에서 투병 생활을 하던 아버지는 그 뒤 요양병원에서 코에 연결된 영양 공급 기계에 의존해 사는 처지가 됐다.

"일부 연명의료 중단이 가능하게 됐지만, 여전히 우리나라에서 안락사는 말하기 어려운 주제입니다. 몸은 부모에게서 물려받은 귀중한 것(신체발부 수지부모)이라는 유교 문화의 영향도 큰 것 같고요. 하지만 당사자의 고통을 온전히 이해하지 못한 채 '아무리 힘들어도 살아야 한다'고 말하는 건 오히려 이기적인 것 아니겠어요."

김씨는 자신에게 아버지와 같은 상황이 닥치면 아버지와는 다른 선택을 할 것이라고 말했다.

"저는 안락사를 선택할 겁니다. 아버지가 병을 치르면서 차츰 가족이나 친지, 친구 등 주위 사람들이 멀어지는 걸 느꼈어요. 제가 죽고 난 뒤 주변 사람들에게 슬픈 모습으로만 기억되지 않았으면 해요. 요즘 사람들은 열심히 운동해서 가장 멋진 모습일 때 프로필 사진을 많이 찍잖아요. 그렇게 기억되고 싶어요."

2부

안락사 주요 사건과 쟁점

: 죽음을 권리의 문제로 인식하다

사회·문화적으로 진보적인 일부 국가에선 '적극적 안락사'까지 허용한다. 의사가 직접 환자에게 치사약을 주입해 사망에 이르게 하는 게 적극적 안락사라면, 의사한테 처방받은 치사약을 환자 자신이 주입해 목숨을 끊는 건 조력자살이다. 두 제도는 개념이 분명히 다르다. 적극적 안락사는 형식상 타살이고 조력자살은 자살이기에 법적으로 전혀 다른 문제가 발생한다. 스위스는 조력자살은 허용하지만 적극적 안락사는 법적으로 금지한다.

적극적 안락사와 조력자살 모두 허용하는 대표적인 국가가 네덜란드다. 2002년 4월 세계 최초로 안락사법을 시행했다. 안락사를 선택한 사람의 수는 2002년 1882명에서 2017년 6585명으로 꾸준히 증가하다가 2020년 6100여 명 선에서 전체 사망자의 4퍼센트를 유지하고 있다. 2023년 4월엔 12세 이하의 불치병 아동도 안락사를 택할 수 있게 적용 범위를 확대했다. 다만 미성년자가 안락사를 신청하려면 부모의 동의뿐 아니라 당사자가 자신의 결정을 완전히 이해하고 있다는 아동심리학자와 정신과 전문의의 보증이 있어야 한다. 2016년 치매 환자의 안락사를 허용해 논란이 되기도 했지만 대법원은 치매 환자일지라도 사전에 서면으로 요청하고 안락사법의 요건과 절차를 지켰다면 문제가 없다고 봤다.

벨기에는 2003년 적극적 안락사와 조력자살을 합법화했다. 또 2014년 세계 최초로 연령 제한을 없애 미성년자도 안락사를 시행할 수 있게 했다. 하지만 불치병으로 고통받는 이들에게 안락사가 허용되는 조건은 까다롭다. 우선 의학적으로 어떤 조치를 취해도 환자가 곧 사망에 이를 것이 확실하거나 참기 힘든 고통이 지속되는 경우에만 가능하다. 또 환자의 반복적인 의사 표시가 있어야 한다. 의료진과 정신과 의사, 심리학자 등이 상태를 점검하고 미성년자는 최종적으로 부모가 동의해야 한다. 안락사를 선택한 이는 2015년 2021건에서 2018년 2358명으로 증가하다가 2022년엔 3천 명 가까이 이르렀다.

스페인도 2021년 적극적 안락사와 조력자살을 모두 합법화해 실시하고 있다. 네덜란드와 벨기에, 룩셈부르크에 이어 유럽에서 네 번째다. 환자가 직접 15일 간격을 두고 두 차례에 걸쳐 서면으로 안락사를 요청해야 하는 등 절차가 엄격하다. 독일과 오스트리아는 2020년 조력자살을 금지하는 법이 잇따라 헌법재판소에서 위헌 결정을 받으면서 합법화 대열에 들어서는 분위기다.

캐나다는 2016년 조력자살과 안락사를 법제화한 뒤 그 범위

국가별 안락사·조력사망 도입 현황

 조력사망 (조력자살)
의사가 처방한 약물을 **환자 스스로 주입**하는 방식

 안락사
의사가 환자에게 약물을 **직접 주입**하는 방식

■ **조력사망 안락사 모두** 허용　■ **조력사망만** 허용　▶ **안락사만** 허용

캐나다(2016년) 🇨🇦
2024년 3월부터
정신질환도 대상에 포함

🇺🇸 미국 10개주·워싱턴DC
1994년 오리건주
첫 존엄사법 제정

벨기에(2002년)
2014년 나이 제한 폐지
(최초로 어린이 안락사 합법)

네덜란드(2001년)
질병·기대여명 상관없음.
2023년 12세 미만까지
확대

독일(2020년)
조력자살 금지 조항에
위헌 결정

오스트리아(2022년)
이탈리아(2019년)
헌재, 조력자살
조건부 허용

스위스 ➕
1940년대부터 관습적
허용. 외국인도 가능

뉴질랜드(2021년)
전 과정 무료

콜롬비아(2015년)
1997년 헌재에서 합헌 판결.
남미 국가 최초 도입

우루과이(진행중)
2022년 10월 의회 하원 통과

룩셈부르크(2009년)
포르투갈(2023년)
스페인(2021년)

호주 6개 주
1996년 노던주에서
세계 최초로 안락사법
시행됐다가 폐지.
2017년 빅토리아주
법제화

를 계속 확대하고 있다. 2021년 연간 보고서에 따르면 한 해 동안 1만 64명이 조력자살을 선택했다. 전해보다 32.4퍼센트가 늘어난 이 수치는 해당 연도 전체 사망자의 3.3퍼센트에 해당한다. 그런 가운데 우울증이나 거식증 등 정신질환만으로도 조력사망을 신청할 수 있게 법안을 개정했으나 2024년 초 시행을 앞두고 의료 체계가 준비되지 않았다는 이유로 다시 연기했다. 그 사이 정신질환은 그 고통을 객관적으로 측정하기 어렵고 경제적 취약 계층이 자칫 정신적 고통을 이유로 조력자살로 내몰릴 수 있다는 우려가 있었다.

미국에선 1994년 오리건주가 처음으로 6개월밖에 살 가능성이 없는 환자들에게 조력자살을 허용했다. 2024년 초 기준 미국은 오리건, 콜로라도, 캘리포니아, 몬태나, 버몬트, 워싱턴, 하와이, 뉴저지, 메인, 몬태나 등 10개 주와 워싱턴 디시에서만 말기 환자의 조력자살을 법적으로 허용하고 있다.

호주는 2024년 초 기준 노던 준주와 수도 캔버라를 제외한 모든 주에서 안락사를 허용하고 있다. 뉴질랜드는 2020년 10월 '생의 마지막 선택법(End of Life Choice Act)'을 국민투표에 부쳐 국민 과반의 찬성을 얻었다. 제도상 모든 비용을 국가가 부담해 조력사망 신청부터 두 번의 의사 진단, 마지막 임종까지 전 과정이 무료로 진행된다. 상담 비용과 약값조차 환자 본인이 부담하지 않는다. 경제적 문제 때문에, 또는 심리 상담 등 적절한 도움을 받지 못해 마지막 선택을 하지 못하는 취약 계층을 보호하기 위해서다. 운영 전반에도 정부가 적극 개입한다. 조력사망을 시행할 기관과 의사 및 간호사의 명단을 직접 관리한다. 시행 방식도 선택할 수 있다. 당사자가 직접 약을 복용하거나 주사 밸브를 열 수도 있고 담당 의사나 간호사가 대신 투여할 수도 있다. 본인이 스스로 내린 결정이 분명한 이상 병이나 사고로 몸을 자유롭게 움직일 수 없어 조력자살을 못 하는 일이 없게 하기 위해서다. 사망자 대부분은 집에서 임종을 맞았다.

한편 영국에서는 조력자살 법안이 꾸준히 올라갔지만 의회를 통과하지 못해 조력자살도 안락사도 금지되고 있다. 생명 윤리에 어긋난다는 영국성공회와 유대교, 이슬람 지도자들의 강한 반대에 부딪혀 문턱을 넘지 못했다.

스위스의 조력자살이 1942년 이래 오랜 관습으로 뿌리를 내렸다면 오리건주의 조력자살은 체계적인 제도를 갖춰 이뤄지고 있다. 오리건주의 존엄사법(Oregon Death with Dignity Act)은 조력자살의 대상과 진행 과정을 상세히 정해놓고 통계 분석까지 체계적으로 관리한다. 한 걸음 더 나아가 2022년 3월 오리건주는 조력자살 시행 요건에서 오리건주 주민이어야 한다는 '거주 요건'을 없앴다. 버몬트주도 뒤따라 2023년 5월 거주 요건을 삭제했다. 이는 미국 전역에서 오리건이나 버몬트주로 가 조력자살을 할 법적인 가능성이 열렸다는 의미이기도 하다.

오리건주의 존엄사 통계를 보면 몇 가지 경향성을 확인할 수 있다. 존엄사 처방전을 받는다고 해서 모든 사람이 그대로 시행한 것은 아니다. 2018년 통계에 따르면 1997년 이후 2217명이 존엄사 처방전을 받았는데, 그 가운데 65.8퍼센트인 1459명만이 실제로 처방받은 약을 복용해 사망했다. 나머지 34.2퍼센트는 처방을 받고도 약을 복용하지 않았다. 사망자는 대부분 집에서 사망했고 열에 아홉은 호스피스 완화의료를 등록한 상태였다.

또 대부분이 건강보험 가입자(99.3퍼센트)였다. 앞선 5년간의 통계도 비슷한 수준으로 나타났다. 이는 다시 말해 의료비 부담 때문에 존엄사를 선택했을 가능성은 크지 않다는 얘기다. 오히려 임종과 관련해 가장 많이 거론된 문제는 '자주성 상실'(91.7퍼센트), '인생을 즐길 수 있는 활동 능력 감소'(90.5퍼센트), '존엄성 상실'(66.7퍼센트)이었다.

한국 1997년,
보라매병원 사건

 존엄사와 관련해 우리나라에선 크게 세 가지 사건이 있었다. 첫 번째가 1997년 보라매병원 사건이고, 두 번째가 2008년 김씨 할머니 사건, 그리고 세 번째가 2019년 우리가 보도한 한국인의 스위스 안락사다.

 보라매병원 사건은 뇌 수술을 받고 자가 호흡을 못 하게 된 환자를 배우자의 요구에 따라 병원에서 퇴원시켰다가 인공호흡기를 뗀 환자가 곧바로 사망하면서 담당 의사들이 살인방조죄로 유죄 판결을 받은 사건이다. 대법원에서 최종적으로 살인방조죄로 결론이 났지만 의사들은 처음엔 살인죄로 기소됐다. 이 사건은 당시 의사들에게 큰 충격을 안겨줬다. 소생 가능성이 없는 환자를 가족이 원하다고 해서 돌려보냈다가는 자칫 살인죄를 쓸 수도 있다는 사실을 알게 된 것이다.

 이 사건 이후 병원과 의사들은 소생 가능성이 없는 환자라 하더라도 절대 퇴원을 시키지 않게 됐다. 인간이 이미 육체적인 활동을 멈췄는데도 생명의 시간만 연장하는 식의 연명의료와 병원에서 맞이하는 임종 문화는 어쩌면 이때부터 강해졌는지도 모르겠다. 이 사건은 우리나라 형법에서 작위, 부작위, 방조범 등의 범위를 논하는 유명한 판례로 남았는데, 동시에 우리나라에서 존엄사 논쟁을 불러일으킨 첫 번째 사례이기도 하다. 당시 언론 보도와 판례를 참고해 살펴보면 내용은 다음과 같다.

1997년 12월 58세의 한 남성이 술에 취해 화장실을 가다 기둥에 머리를 부딪치고 쓰러져 서울 보라매병원으로 옮겨졌다. 남자는 9시간에 걸친 뇌 수술을 받고 중환자실로 옮겨졌다. 서서히 의식이 회복되고 있었지만 뇌부종 때문에 인공호흡기 없이는 자가호흡을 할 수 없는 상태였다.

아내는 남편을 퇴원시켜달라고 요청했다. 수술비와 입원비로 260만 원이 나왔는데 치료비를 더 감당할 자신이 없었다. 평소 가족들을 돌보기는커녕 폭행을 일삼고 괴롭히던 남편이 이제는 머리를 다쳐 뇌 수술까지 받게 되자, 차라리 죽게 두는 편이 낫겠다고 생각했다.

환자는 서서히 회복하고 있었지만 그대로 퇴원하면 사망하리라는 걸 의료진은 알고 있었다. 환자의 아내가 치료비가 없다며 줄기차게 퇴원을 요구하자 담당 의사는 "꼭 퇴원을 하고 싶으면 차라리 남편을 데리고 몰래 도망쳐라"며 만류했다. 그러나 결국 가족의 요구를 들어줄 수밖에 없었다. 의사는 퇴원하는 대로 사망할 수 있다는 점을 설명하고, 사망하면 병원과 의료진에 대해 법적인 이의를 제기하지 않겠다는 서약서를 받은 뒤 퇴원을 허가했다. 환자가 병원에 실려 온 지 이틀 만이었다.

인턴이 환자를 집까지 호송했다. 그는 환자의 집에 도착해 인공호흡기를 떼면 환자가 사망하게 된다는 사실을 말하고, 호흡기를 제거했다. 인턴이 떠난 뒤 5분이 채 지나지 않아 환자는 꺽꺽거리는 소리를 내다 숨졌다.

문제는 장례를 마친 뒤 아내가 경찰에 변사자로 신고하면 장례비를 지원받을 수 있다는 얘기를 듣고 변사 신고를 하면서 발생했다. 변사 신고를 접수한 경찰이 사망 경위를 조사하면서 의문점을 발견했고, 검찰은 아내와 담당 의사, 레지던트, 구급차로 호송하고 인공호흡기를 제거한 인턴까지 '부작위에 의한 살인죄'로 기소했다. 사망할 것을 알면서도 퇴원을 허락했다는 이유에서였다.

2004년 6월 대법원은 담당 의사와 레지던트에게 살인죄가 아닌 살인방조죄로 징역 1년 6개월에 집행유예 2년을 선고한 원심을 확정했다. 재판부는 그들이 살인 행위를 도운 점은 인정된다고 보면서도 "퇴원을 허용한 것은 환자의 생사를 가족의 보호 의무 이행에 맡긴 것에 불과하므로 살인죄로는 처벌할 수 없다"고 덧붙였다. 아내는 항소심에서 부작위에 의한 살인죄가 인정돼 징역 3년에 집행유예 4년을 선고받고 상고를 포기했다. 당시 윗사람의 지시에 따라 인공호흡기를 뗀 인턴만 무죄를 인정받았다.

이전까지만 해도 가족이 원하면 환자를 퇴원시키는 것이 관행이었다고 한다. 하지만 이 사건을 계기로 의사들은 연명의료 중단을 허용했다가는 자칫 자신도 살인죄로 기소될 수 있다는 사실을 인지하게 됐고, 가망 없는 환자일지라도 존엄사 판단을 미루고 끝까지 붙들게 됐다고 한다.

연명의료결정법이 시행된 지금 또다시 보라매병원 사건 같은 일이 발생한다면 어떻게 될까. 지금도 크게 다르지 않을 것이라는 게 의사들의 판단이다. 연명의료결정법에 따라 환자가 의식이 없는 상태에서 가족 2명 이상이 환자가 연명의료를 원치 않았음에 동의하면 인공호흡기를 제거할 수 있게 됐지만, 여기엔 '임종기'여야 한다는 전제가 붙기 때문이다. 대만처럼 자연사법을 시행하고 있는 국가에서는 말기 환자나 식물인간 상태의 환자에게도 연명의료 중단을 허용하는 반면, 우리나라는 임종기 환자만을 대상으로 매우 엄격히 적용하고 있다. 보라매병원 사건 환자의 경우 당시 치료를 계속 받으면 호전될 가능성이 있었다고 법원에서 판단한 것을 보면 지금도 이 환자를 임종기로 보고 연명의료 중단을 허용하기는 어렵다는 얘기다.

이는 한편으로 우리나라에서 시행되고 있는 연명의료결정법의 한계를 보여준다. 제2조에 따르면 임종 과정이란 '회생 가능성이 없고, 치료에도 불구하고 회복되지 아니하며, 급속도로 증상이 악화되어 사망에 임박한 상태'를 뜻한다. 문제는 법을 적용하려면 담당 의사 및 전문의가 환자가 임종 과정에 있다는 의학적 판단을 내려야 하는데, 말기와 임종 과정을 딱 잘라 구분 짓기가 쉽지 않다는 데 있다. 그 때문에 최대한 보수적인 판단을 내릴 수밖에 없다는 것이 의사들의 얘기다.

그로부터 4년 뒤 서울 세브란스병원에서는 조금 다른 이야기가 펼쳐진다. 뇌 손상으로 식물인간 상태에 빠진 할머니에 대해 연명의료를 중단해달라고 가족들이 소송을 제기한 것이다.

한국 2008년,
김씨 할머니 사건

2008년에 존엄사 소송이 제기된 김씨 할머니 사건은 우리나라의 첫 존엄사 사례로 기록됐다. 그전에도 비슷한 사건은 더러 있었지만, 할머니가 존엄하게 돌아가실 수 있도록 연명의료 장치를 제거해달라는 가족들의 소송과 이에 대한 법원의 판결은 의료만능주의에 기댄 현대 사회에서 인간다운 삶과 죽음이란 무엇인가에 대한 화두를 던졌다.

2008년 2월 76세의 할머니는 폐암 검사를 위해 서울 세브란스 병원에 입원해 조직 검사를 받던 중 과다 출혈로 뇌 손상을 입고 식물인간 상태에 빠졌다. 할머니는 인공호흡기와 인공 영양 공급, 수액과 항생제 없이는 스스로 먹고 숨 쉴 수 없는 상태로 생명을 유지했다. 당시 병원에서는 인공호흡기를 제거하는 순간 사망할 것이라고 했다.

할머니의 의식은 다시 돌아올 가능성이 없었지만 병원에서는 끝까지 환자의 생명을 보호해야 한다며 몇 개월이고 연명의료를 이어갔다. 할머니의 자식들이 무의미한 연명의료를 중단하겠다 며 인공호흡기를 제거해달라고 요청했으나 병원에서는 이를 받 아들이지 않았다. 1997년 보라매병원 사건 이후 병원들 사이에선 '환자의 목숨이 붙어 있는 한 절대 인공호흡기를 떼서는 안 된다' 가 철칙으로 자리 잡은 상태였다.

가족들은 그해 5월 법원에 '무의미한 연명치료 장치제거' 가처 분신청을 냈다. 6월에는 병원을 상대로 민사소송을 제기했다. 가 처분신청은 기각됐으나, 민사소송에서는 그해 11월 서울서부지 방법원으로부터 "인공호흡기를 제거하라"는 첫 존엄사 판결을 끌어냈다. 재판부는 "생명의 연장을 원하지 아니하고 인공호흡기 의 제거를 요구하는 환자의 자기결정권 행사는 제한되지 아니하 고 이를 거부할 수 없다. 이에 따른 인공호흡기 제거 행위는 응급 의료 중단의 정당한 사유가 있는 것으로 의사는 민형사상 책임을 부담하지 않는다"고 밝혔다.

그러나 병원에서 항소를 제기하면서 김씨 할머니의 연명의료 는 이듬해 6월까지 14개월간 이어졌다. 그리고 2009년 5월 대법 원이 최종적으로 존엄사를 인정하면서('인공호흡기를 떼어도 좋다') 그해 6월 23일 할머니에게서 인공호흡기를 뗐다.

인공호흡기를 떼면 곧바로 사망할 것이라는 병원의 예측과는 달리 할머니는 자가 호흡을 하며 200여 일을 더 살다 해를 넘겨 2010년 1월 10일 임종했다. 의식불명이 된 지 1년 10개월 만이었 다. 가족들이 요청한 건 인공호흡기 제거였기 때문에(소송 과정에서 '물과 영양분 공급 중단' 부분은 빠졌다) 그동안 영양 공급과 항생제 치료 등은 계속 이뤄졌다.

김씨 할머니가 인공호흡기 없이도 자가 호흡으로 200여 일을 생존한 것은 존엄사에 대한 찬반 근거로 모두 쓰일 수 있다. 사람의 수명을 의학적으로 예측하기 쉽지 않다는 것을 보여준 동시에, 판결 이전까지 필요 이상의 의료가 행해지고 있었다고도 볼 수 있다. 또 현행 연명의료결정법에서는 말기 환자가 아닌 임종기 환자만을 대상으로 연명의료를 중단할 수 있는데, 의사들은 김씨 할머니 사건을 근거 삼아 임종기를 구분하기가 쉽지 않다고 주장한다.

우리나라 첫 존엄사 판결로 꼽히는 김씨 할머니 사건의 1심 판결을 살펴보면 존엄사를 인정하는 다른 나라들과 마찬가지로 개인의 자기결정권을 폭넓게 인정하고 있음을 알 수 있다. 당시 판결문은 헌법 제10조를 언급하며 "국가는 개인의 인격권과 행복추구권을 보장하고 있다. 그리고 개인의 인격권, 행복추구권에는 개인의 자기 운명 결정권이 전제돼 있고, 이 자기 운명 결정권에는 환자가 자기의 생명과 신체의 기능을 어떻게 유지하는가에 대해 스스로 결정하는 권리 또한 포함되어 있다"고 명시했다. 재판부는 "안 좋은 일이 생겨 소생하기 힘들더라도 인공호흡기는 끼우지 말라"고 하던 환자의 평소 발언과 생활 태도에 미뤄 치료 거부에 대한 자기 의사로 받아들인 것이다.

다만 환자의 자기결정권은 병원과 의사가 주장하듯이 응급의료에 관한 법률 제10조에서 '응급의료 종사자는 정당한 사유가 없는 한 응급 환자에 대한 응급의료를 중단해서는 안 된다'고 한 조항과 충돌했다. 당시 사법부는 판결을 내리면서 "의사가 환자의 치료 중단 요청을 거부할 수 없는 경우, 즉 응급의료에 관한 법률 제10조의 정당한 사유가 인정되는 경우에 관한 실체적, 절차적 요건은 입법으로 자세히 규정하는 것이 좀 더 바람직하겠으나"라고 했는데, 여기서 언급한 입법은 김씨 할머니 사건이 발생한 지 10년 만인 2018년 2월에야 연명의료결정법으로 시행됐다.

일본 1991년,
도카이대 부속병원 사건

1991년 4월 일본 가나가와현 도카이대 부속병원의 의사가 58세의 골수암 말기 환자에게 염화칼륨 원액을 주사해 환자가 사망한 사건이 발생했다. 안락사를 허용할지의 문제가 일본에서 처음으로 쟁점이 된 가운데 당시 재판부는 살인죄로 기소된 의사 도쿠나가 마사히토에게 유죄를 선고했다. 주목할 만한 점은 당시 재판부가 적극적 안락사를 허용하는 네 가지 요건을 판결문에 기록했다는 것이다.

요코하마지방재판소는 1995년 3월 도카이대 부속병원 사건에 대한 판결을 내리면서 적극적 안락사가 인정되는 네 가지 요건을 제시했다.

1. 환자가 극심한 육체적 고통을 겪고 있을 것
2. 사망이 임박했을 것

3. 환자의 고통을 제거·완화하기 위한 방법을 다 써서 다른 수단이 없을 것

4. 생명 단축을 요청하는 환자의 명시적인 의사 표시가 있을 것

당시 재판부는 이 사건의 경우 환자가 혼수상태여서 의사 표시를 할 수 없었고 고통도 느끼지 않았으므로 1과 4 요건을 충족하지 못했다고 보고, 피고인 마사히토에게 살인죄를 적용해 징역 2년에 집행유예 2년을 선고했다. 또 환자 가족의 강력한 요청이 있었다는 점을 참작해 집행유예에 붙이기로 했다고 덧붙였다.

이때 요코하마지방재판소가 제시한 안락사의 네 가지 요건은 일본 법무성의 반대에도 불구하고 그 후 안락사 재판에서 불문율이 되었다. 하지만 이때 판결에서 안락사 인정 요건이 제시됐다고 해서 일본이 안락사를 허용하는 나라가 됐다고 보기는 어렵다. 일본 역시 우리나라와 마찬가지로 안락사 허용을 놓고 찬반 논쟁을 반복하고 있으며 아직은 공감대를 충분히 이루지 못한 것으로 보인다. 말기 암 환자가 인공호흡기나 위에 영양분을 공급하는 관을 원하지 않는 경우 연명의료를 중단하는 소극적 안락사에 대해선 판례상 의사의 책임을 묻지 않기도 하지만 입법에는 여전히 소극적이다. 2012년 초당파 의원들을 중심으로 존엄사 법안이 논의됐지만, 본인의 의사에 반해 연명의료가 중단될 우려가 여전하고 장애인 단체가 반발하면서 법제화가 이뤄지지 않았다.

도카이대 부속병원 사건은 2019년 11월 의사 2명이 51세의 루

게릭병 환자에게 주사를 놔 숨지게 한 사건이 발생하면서 사람들의 입길에 다시 오르내렸다. 두 사람은 전신 마비 상태에 있는 하야시 유리林優里의 부탁을 받고 교토의 아파트에서 약물을 주사했다. 이들은 도우미에게 환자의 지인이라고 소개했으며 도우미가 다른 방에 있는 사이 약물을 투여하고 돌아갔다. 부검 결과 몸속에서 주치의가 처방하지 않은 약물이 다량 검출되고 약물 중독이 사인이라는 것이 밝혀지자, 경찰은 폐쇄회로 TV 영상을 통해 용의자를 특정했다.

사건의 환자는 자신의 트위터와 블로그에 안락사를 원한다는 내용의 글을 남기고, 의사 앞으로 150만 엔(1700만 원)을 입금한 것으로 알려졌다. 블로그에 "비참하다. 이런 모습으로 살고 싶지 않다"는 글을 올렸고, 2019년 6월엔 '거울 속의 현실'이라는 제목하에 "타액이 흘러내리지 않게 하는 종이와 지속해서 빨아들이는 카테터(고무관)까지 더해 꼭두각시 인형처럼 간병인에 의해 움직여지는 손발"이라고 쓰기도 했다. 또 "왜 안락사는 암 환자만을 대상으로 얘기되는지 항상 불만을 느껴왔다"고도 적었다. 거동할 수 없던 환자는 눈의 움직임으로 조작할 수 있는 컴퓨터를 사용했으며 SNS를 통해 사건의 의사와 연락한 것으로 추정됐다.

일본은 우리나라보다도 더 죽음에 관한 이야기를 금기시하는 문화이지만 존엄사에 관한 사회적 관심은 최근 몇 년간 지속되고 있다. 드라마 '오싱'의 작가로 유명한 95세의 하시다 스가코橋田壽賀子는 2016년 잡지에 '나는 안락사로 가고 싶다'라는 제목의 글을 기고하면서 안락사 논의에 다시 불을 지폈다. 그는 가능하면 안락사를 인정하는 법을 만들었으면 좋겠다고 썼고, 그런 생각을 담은 책 〈나답게 살다가 나답게 죽고 싶다〉, 〈그리고 안락사를 부탁합니다〉 등을 내기도 했다.

한국인 2명이 스위스에서 안락사를 택했다는 우리의 보도가 나가고 3개월 뒤 일본에서도 비슷한 보도가 나와 뜨거운 반향을 불러일으켰다. 고지마 미나小島三奈라는 50대 여성이 스위스 바젤에서 조력자살 지원 단체 가운데 하나인 '라이프 서클'의 도움을 받아 사망한 것이다. 49세 때 불치병인 다계통 위축증을 진단받은 그녀는 점점 몸을 움직일 수 없게 되자 급기야 자살을 시도했고, 실패한 후에는 2018년 8월 인터넷으로 자신의 안락사를 도와줄 사람을 찾다가 라이프서클에 가입했다. 그해 11월 25일 미나는 친언니 둘과 함께 바젤로 향했다. 그리고 라이프서클 측 의사의 도움을 받는 중에 자신의 몸에 연결된 주사기의 밸브를 직접 열어 약물을 투입함으로써 사망했다.

언니들에게 "그렇게 힘들지 않았어, 병원에도 모두 와줬잖아. 엄청 행복했어"라는 말을 남기고 눈을 감는 마지막 장면까지 미나의 마지막 여행의 모습은 함께 간 NHK 다큐멘터리팀의 카메라에 모두 담겼다. 이는 2019년 6월 'NHK스페셜'에서 '그녀는 안락사를 선택했다'라는 제목으로 방영됐다.[3] 지금도 일본에서 안락사 논쟁은 '진행형'이다.

---

3 京都新聞 2019.9.5., "NHK安楽死番組、自殺の放送基準抵触と障害団体 BPOへ"

미국 1975년,
캐런 앤 퀸런 사건

캐런 앤 퀸런Karen Ann Quinlan은 존엄사와 연명의료 문제를 논할 때 빠질 수 없는 인물이다. 식물인간 상태가 된 캐런에 대해 생명 유지 장치를 제거해달라며 그녀의 부모가 낸 소송은 존엄한 죽음 이라는 개념 자체가 생소하던 1970년대에 '죽을 권리(right to die)' 라는 표현과 함께 존엄사에 대한 화두를 던졌고, 이후 연명의료 를 결정하는 데 중요한 계기를 마련했다. 스물한 살에 식물인간 이 된 그녀는 인공호흡기를 제거한 후에도 혼수상태에서 10년을 더 살면서 세계적으로도 오랜 관심을 모았다. 존엄한 죽음을 역 설했던 그녀의 부모는 1980년 딸의 이름을 딴 호스피스 재단을 만들어 호스피스 케어를 정착시키는 데 앞장섰다.

캐런은 1954년 3월 29일 미국 펜실베이니아에서 아일랜드계 미혼모에게서 태어났다. 몇 주 뒤 캐런은 조셉 퀸런과 줄리아 퀸런 부부에게 입양돼 뉴저지에서 성장했다. 고등학교를 졸업한 캐런은 독립해 룸메이트 2명과 같이 살게 됐는데, 이때 다이어트를 무리하게 한 것이 결과적으로 그녀를 위험에 빠뜨렸다.

1975년 4월 스물한 살의 캐런은 동네 술집에서 열린 친구의 생일 파티에 갔다가 빈속에 진토닉과 진정제를 먹고 나서 얼마 뒤 쓰러졌다. 당시 캐런은 새로 산 원피스를 입기 위해 이틀 동안 거의 아무것도 먹지 않는 등 혹독한 다이어트를 하고 있었다. 친구들이 곧바로 집으로 데려와 눕혔지만 숨을 쉬지 않았다. 병원으로 옮겨진 캐런은 인공호흡 끝에 숨은 돌아왔지만 끝내 의식은 돌아오지 않았다. 캐런의 몸무게는 52킬로그램이었다.

심각한 뇌 손상을 입어 식물인간 상태(PVS, persistent vegetative state)가 된 캐런은 인공호흡기와 영양 공급관에 의존해야 했다. 그녀의 몸무게는 몇 달 지나지 않아 36킬로그램이 됐다. 캐런의 부모는 인위적으로 생명을 유지시키는 장치가 딸을 더욱 고통스럽게 한다고 믿고 딸에게서 인공호흡기를 제거해달라고 요청했다. 그러나 병원에서는 인공호흡기를 제거했다가 자칫 살인죄로 기소될 수 있다는 우려 때문에 거절했다. 퀸런의 부모는 그해 9월 인위적 생명 유지 장치를 거둬달라는 소송을 제기했다.

이 소송은 '생명'의 정의와 '죽을 권리'를 놓고 전 국민적 논쟁을 불러일으켰다. 캐런 부모 측의 변호사는 개인의 결정권을 주장하고, 담당 의사들은 법적 차원에서가 아니라 의학적 차원에서 인공호흡기 제거에 찬성할 수 없다고 맞서는 가운데, 법원은 병원 측의 손을 들어줬다.

캐런의 부모는 항소했다. 가톨릭 신자였던 그들은 항소심에서 교황 비오 12세의 선언을 인용하며 가톨릭에서는 환자의 생명을 유지하기 위해 일반적이지 않은 수단을 쓰지 않는다고 강조했다. 인위적인 생명 유지 장치는 환자에 대한 합리적 희망은 가져다주지 못한 채 환자와 가족, 다른 사람에게 과도한 부담만 안겨준다는 것이다. 이를 거부해 설사 환자의 자연적인 죽음이 앞당겨진다 해도 이는 윤리에 반하지 않는다는 점을 호소했다.

뉴저지주 대법원은 7대 0의 만장일치로 캐런 부모의 손을 들었다. 법원은 회복할 만한 합리적 가능성이 없는 경우 생명 유지 장치를 제거할 개인의 결정권이 생명 유지 조항에 앞서며, 이는 살인이 아니라 자연적 원인에 의한 죽음이므로 형사책임을 지지 않는다고 명시했다.

1976년 5월 캐런은 인공호흡기를 제거한 이후에도 혼자서 숨을 쉬었다. 캐런은 영양 공급관은 그대로 유지한 채 요양원으로 옮겨졌고, 그대로 9년 넘게 살다가 1985년 6월 폐렴으로 사망했다.

캐런의 소송과 판결은 의료 행위의 한계와 범위, 연명의료 연장 여부를 정하는 논의에서 전환점이 됐다. 이 사건 이후 억지로 생명을 연장하는 의료 행위에 대해 거부할 수 있는 권리가 생겼으며, 모든 병원과 요양원, 호스피스 기관은 윤리위원회를 설치하게 됐다. 또 연명의료에 대한 평소 환자의 생각을 미리 확인할 수 있도록 한 사전연명의료의향서(living will)도 이때 만들어졌다.

우리나라에서는 30여 년이 지난 2008년 김씨 할머니 사건을

Court Rules Karen Quinlan's Father Can Let Her Die
By Disconnecting Respirator if Doctors See No Hope

By JOSEPH F. SULLIVAN
Special to The New York Times

TRENTON, March 31 — The New Jersey Supreme Court ruled today that the mechanical respirator that was keeping Karen Anne Quinlan alive might be disconnected if her attending physicians and a panel of hospital officials agreed that there was "no reasonable possibility" that she would recover.

The 7-to-0 decision, written by Chief Justice Richard J. Hughes, also ruled that there would be no civil or criminal liability if the mechanical device was removed following the guidelines laid down in the 59-page opinion.

The court appointed Miss Quinlan's father her guardian

Excerpts from court's ruling appear on page 23.

and empowered him to seek physicians and hospital officials who would agree to remove the respirator.

The 22-year-old woman has been in a coma for almost a

United Press International
Julia and Joseph Quinlan talking to reporters in Mount Arlington, N.J., after court ruled

인공호흡기를 제거해도 된다는 판결이 나온 직후 부모 조셉, 줄리아 퀸런의 모습.
뉴욕타임스 1976년 4월 1일자

계기로 비슷한 논쟁을 거쳐 존엄사법이 만들어졌다. 캐런 퀸런의 사례는 김씨 할머니 사건에서도 중요한 참고가 됐는데, 실제로 두 사건이 매우 흡사하기도 하다. 김씨 할머니 역시 뇌 손상을 입고 식물인간 상태가 됐는데, 가족들은 할머니가 자연스러운 죽음을 맞이할 수 있도록 인공호흡기를 제거해달라고 소송을 냈다. 또 병원에서는 인공호흡기를 제거할 경우 환자가 곧바로 사망할 수 있다며 반대했다. 사회적 논쟁과 재판 끝에 대법원은 존엄사에 대한 첫 사법적 판단이 되는 판결을 내렸고, 할머니에게서 인공호흡기를 제거했다. 김씨 할머니 역시 인공호흡기를 뗀 뒤에도 자가 호흡을 하며 200일 넘게 생존했다.

캐런의 부모는 존엄사 판결을 끌어낸 것에 그치지 않고, 실제 환자와 가족의 고통을 덜어주기 위해 호스피스 케어 제도를 정착시키기 위해 노력했다. 캐런의 엄마 줄리아는 당시 한 인터뷰에서 딸이 10년 동안 서서히 죽어가는 것을 지켜보는 것이 가장 고통스러웠다고 고백했다. 신문과 잡지에서는 캐런을 '잠자는 숲속의 미녀(sleeping beauty)'라고 묘사했지만, 실제 그녀는 고요히 잠을 자기보다 무의식 속에서도 몸을 떨며 발작을 일으켰다. 근육은 점점 오그라들었으며 욕창과도 싸워야 했다.

말기 환자를 둔 가족의 고통을 너무나 잘 알던 그들은 1980년 4월 캐런앤퀸런 재단과 호스피스를 만들었다. 그들은 돈이 없다는 이유로 환자를 돌려보내지 않겠다고 약속했다. 캐런앤퀸런 호스피스는 비영리 기관으로 개인과 단체, 기업들의 후원을 받으며 꾸준히 성장해 2020년 4월 설립 40주년을 맞았다. 현재는 뉴저지와 펜실베이니아 두 곳에서 100명이 넘는 직원들과 봉사자들을 두고 24시간 운영되고 있다. 줄리아 퀸런이 현재도 재단 이사회 의장을 맡고 있다.

미국 2005년,
테리 샤이보 사건

　스스로 움직일 수도, 말할 수도, 먹을 수도 없고, 최소한의 의사
소통도 불가능하다. 그러나 식물처럼 영양을 계속 공급해주면 몇
년이고 살 수 있다. 의식이 없다는 판정을 받았지만 이따금 눈을
깜빡이며 웃는 듯한 모습을 보이기도 한다. 이 사람은 살아 있는
것일까. 그리고 가족은 이 사람의 운명에 어떤 권리를 행사할 수
있을까.

　미국의 테리 샤이보 Terri Schiavo는 1990년 2월 심장마비로 쓰러
져 식물인간 상태라는 진단을 받은 뒤 15년간 영양 공급 튜브에
의존해 삶을 이어가다 2005년 3월 튜브를 제거하면서 사망했다.
사건은 그 어느 때보다 격렬한 논쟁을 불러일으켰다. 캐런 퀸런
사건의 경우 연명의료 장치인 인공호흡기만 제거했을 뿐 영양 공
급은 유지했다면, 테리 샤이보 사건은 영양 공급 자체를 중단함
으로써 죽음을 앞당기는 이른바 소극적 안락사에 대한 결정이었

다. 더군다나 살아 있지만 스스로 음식을 섭취할 수 없는 사람에게 음식을 공급하지 않음으로써 숨지도록 하는 것이어서 전국적으로 반대 운동이 일어났다.

물론 현대 의학의 힘이 없었더라면 삼키는 것조차 불가능했던 테리는 생명을 유지하기 쉽지 않았을 것이다. 그런 점에서 영양 공급 튜브도 인공호흡기와 마찬가지로 연명의료 장치의 하나로 볼 수도 있다. 그럼에도 물과 음식을 주지 않아 서서히 사망에 이르도록 하는 것이 과연 존엄한 죽음인가 하는 의문을 던지게 된다. 테리가 사망한 지 15년이 흐른 지금도 인간의 생존과 '죽을 권리' 사이에서 어느 시점에 의료의 개입과 중단이 이뤄져야 할지를 두고 여전히 논쟁은 진행되고 있다.

1963년생인 테리 샤이보는 1990년 스물일곱 살에 집에서 심장마비로 쓰러진 뒤 산소 부족으로 뇌 손상을 입고 식물인간 상태라는 진단을 받았다. 테리는 이때부터 튜브를 통해 영양을 공급받게 됐다. 남편 마이클은 플로리다에 살면서 아내의 치료를 위해 캘리포니아대학의 신경 자극 실험에 참여하기도 하는 등 온갖 노력을 기울였던 것으로 보인다. 그러나 테리의 의식은 다시 돌아오지 않았다.

1993년에 테리가 요로감염증에 걸리고 나서부터는 마이클도 서서히 포기하기 시작했다. 그 무렵부터 그간 좋았던 테리 부모와의 관계도 조금씩 어긋나기 시작했다. 1998년 마이클이 테리의 영양 공급 튜브를 제거해달라는 청원서를 내면서 남편과 부모

사이의 대립은 격렬한 법적 다툼으로 커져갔다. 식물인간 상태의 환자에게 영양 공급을 중단할지의 문제를 놓고 미국 전역에서 찬반 논쟁이 벌어졌다. 마이클이 받은 막대한 보상금과 소송 비용, 새로운 연애 등 이야기가 더해지면서 사건은 더 큰 관심을 모았다.

테리의 부모는 영양 공급 튜브를 제거하는 데 결사적으로 반대했다. 향후 소송을 낸 남편과 이를 막으려는 부모 사이에서 테리는 두 번씩이나 영양 공급 튜브를 뺐다 다시 넣게 된다. 캐런 퀸런 사건 이후 '죽을 권리'라는 말이 생겼지만, 테리에겐 사실상 자신의 운명을 결정할 권한이 없었던 셈이다.

2000년 2월 마이클의 청원이 받아들여졌다. 아내가 기계에 의존하는 삶을 결코 원하지 않았다는 마이클의 호소에 이어 비슷한 취지의 다른 증언들도 나왔기 때문이다. 이에 테리의 부모는 생명 연장으로 간주하지 않는 경구 영양을 실시할 것을 요구했지만, 테리는 음식물을 삼키지 못했다. 2001년 4월 24일 테리에게서 영양 공급 튜브가 제거됐다.

테리의 부모는 곧바로 항소를 제기했다. 평소 딸은 살고자 했다는 증거들을 제시하며 마이클이 위증했다고 주장했다. 법원은 일단 문제를 해결할 때까지 영양 공급 튜브 제거를 멈추도록 했다. 제거됐던 튜브는 이틀 만에 다시 복원됐다.

테리의 부모는 새로운 치료법을 찾는 한편 딸에게 의식이 있다는 점을 입증하려고 노력했다. 2002년 10월 의료 기록과 뇌 스캔, 비디오 촬영 등을 다시 확인했다. 선정된 5명의 의사 가운데

테리 샤이보의 비명. 식물인간 상태 진단을 받은 날과 사망일이 함께 적혀 있다.

Schiavo, Theresa Marie
Beloved Wife
Born December 3, 1963
Departed this Earth February 25, 1990
At Peace March 31, 2005
I kept my promise

2명은 테리가 영구적인 식물인간 상태에 있다고 진단했고, 2명은 최소한의 의식 상태에 있다고 말했다. 6시간의 동영상도 촬영됐다. 그 결과 테리는 아무런 응답이 없었던 것으로 확인됐지만, 부모와 지지자들은 그녀의 모습을 담은 6분짜리 동영상을 만들어 홈페이지에 공개했다. 이 영상에서 테리는 웃는 듯한 모습을 보여주기도 한다.

　테리 부모는 딸을 살리기 위해 각종 로비와 홍보 활동을 진행했다. 그리고 다시 2003년 9월 법원에 영양 공급 튜브 제거를 연기해달라는 청원을 냈다. 하지만 판사는 이를 기각했다. 2003년 10월 15일 법원에 의해 테리의 영양 공급 튜브가 두 번째로 제거됐다. 그러자 주 정부 앞으로 테리를 살려달라는 각종 우편물이 쏟아졌고, 주지사 젭 부시는 테리에게 영양 공급 튜브를 다시 삽입하기 위한 '테리법(Terri's law)'에 즉각 서명했다. 테리는 요양원에서 재활 병원으로 옮겨져 다시 영양 공급 튜브가 삽입됐다.

그러나 테리법은 삼권분립의 원칙과 사생활 보호법에 위배된다는 점에서 최종 위헌 결정이 내려졌다. 2005년 초 테리의 부모는 새로운 의학적 평가를 진행하며 판결 구제 신청서를 제출했다. 하지만 재판부는 이를 거절하고 '2005년 3월 18일 금요일 오후 1시'에 영양 및 수분 공급을 제거할 것을 명령했다.

조지 부시 대통령과 연방 의회도 테리 살리기에 나섰다. 2005년 3월 20일 상원은 만장일치로 구제 법안을 통과시켰다. 관련 법안은 공화당에서 제안한 것이었지만, 장애인 권리의 문제로 본 민주당에서도 지지를 받았다. 그러나 연방대법원은 앞서 주 법원에서와 마찬가지로 연방 청원과 항소를 기각했다.

테리는 2005년 3월 31일 호스피스에서 사망했다. 영양 공급 튜브를 제거하면 심각한 탈수 증상이 나타나리라는 우려가 있었지만 그녀는 평화롭게 숨을 거두었다.

미국 1998년,
잭 케보키언 사건

1998년 11월 22일 미국의 CBS 시사프로그램 '60분(60 min-utes)'에 '죽음의 의사(Dr. Death)'로 알려진 잭 케보키언Jack Kevor-kian 박사가 나왔다. 케보키언이 직접 촬영한 비디오 영상에는 그가 루게릭병을 앓고 있는 환자 토머스 유크의 안락사를 돕는 모습이 담겼다. 이미 수많은 사람의 조력자살을 도와 검찰과 사법 당국의 감시 대상이었던 그는 안락사에 관한 관심을 불러일으키기 위해 체포될 것을 알면서도 이 비디오를 방송국에 보냈다.

여기서 케보키언은 환자가 스스로 약을 먹거나 주사기를 열어 죽음에 이르도록 도와주는 조력자살 이상의 모습을 보여줬다. 그가 움직일 수 없는 토머스 유크 대신 직접 극약을 주사하는 장면이 전파를 타고 미국 전역에 퍼졌다. 이는 의료 윤리와 언론의 책임 등 갖가지 논란을 불러일으켰다. 그동안 수차례 기소되고 풀려나기를 반복했던 그는 그 일로 2급 살인죄가 인정돼 징역

10~25년을 선고받고 수감됐다.

케보키언은 하나의 사건으로만 정의하기 어려운 인물이다. 그는 조력자살의 당위성을 끊임없이 설파하며 사람들의 주목을 끌려고 노력했다. 한번은 자신의 혐의가 얼마나 구시대적인지를 보여주기 위해 영국의 식민지 통치 시대의 의상을 입고 법정에 선적도 있다.

첫 번째 조력자살은 1990년 6월 오리건주에서 이뤄졌다. 오리건주는 아직 조력자살을 합법화하기 전이었다. 케보키언은 학교 선생님이었던 54세의 재닛 왓킨스의 자살을 자신의 오래된 폭스바겐 차에서 도왔다. 재닛은 알츠하이머병 진단을 받은 상태였고 남편과 자식이 있었다. 케보키언은 재닛이 숨을 거두자 즉시 경찰을 불렀다. 그는 현장에서 체포됐다. 하지만 다음 날 재닛의 남편과 두 아들이 포틀랜드에서 기자회견을 열어 그녀가 미리 준비해둔 자살 노트를 공개하면서, 케보키언은 풀려났다.

케보키언은 조력자살을 본격적으로 시행하기 전 몇 가지 원칙을 정했다. 환자 스스로 죽기를 원한다는 사실을 분명히 표현하게 하고 주치의 및 정신과 전문의와의 상담도 받게 했다. 중간에 마음이 바뀔 수 있으므로 생각할 시간을 갖게 한 달의 유예 기간을 두기도 했다. 그 과정에서 환자와 가족, 친구들과의 인터뷰를 비디오로 촬영하고 죽는 순간도 카메라에 담았다.

이 같은 체계화된 방식은 케보키언이 1987년 네덜란드를 방문했을 때 보고 연구한 것으로 보인다. 안락사가 합법화된 네덜란드와 조력자살을 허용하는 스위스에서 조력자살 지원 단체들이 하는 방식과 매우 유사하다. 어쨌든 그런 원칙 덕분에 그는 법망을 피해 조력자살을 계속해나갈 수 있었다.

그는 환자에게 차례대로 약을 주입하는 조력자살 기계를 만들기도 했다. 1991년 미시간주 법원은 케보키언 박사의 자살 기계에 대한 사용을 영구적으로 금지하고 그의 의사 면허도 정지했다.

케보키언이 조력자살을 도운 130명의 환자 중에는 말기 환자가 아니거나 고통이 심각하지 않은 사람도 있었다. 첫 번째 자살자인 재닛 역시 말기 상태가 아니었지만 병이 깊어지기 전에 죽기를 원했던 경우다. 케보키언은 한평생 편안한 죽음을 강조했지만, 그의 자살 조력 행위는 때때로 다분히 자의적이어서 많은 비판을 받았다.

8년간 복역한 케보키언은 2007년 더 이상 조력자살을 시행하지 않겠다고 서명한 뒤 가석방됐다. 이후엔 강연을 하거나 TV 프로그램에 출연하며 조력자살과 관련해 제도적 변화를 이끌어내기 위해 노력했다. 2010년엔 '당신은 잭을 모른다'라는 제목의 영화가 만들어지기도 했다. 알 파치노가 케보키언 역할을 맡아 에미상과 골든글로브상을 수상했다.

케보키언은 2011년 6월 3일 83세의 나이로 사망했다. 오랫동안 신장 질환을 앓아왔고 간암 진단도 받은 상태였다. 다른 사람의 죽음을 도왔던 것과는 달리 그는 조력자살을 선택하지 못하고 병원에서 눈을 감았다. 뉴욕타임스의 부고 기사에는 "그에 대한 지지자들 못지않게 비평가들의 반대도 격렬했지만, 그의 완고하고 때로는 과격했던 조력자살에 관한 주장은 호스피스와 말기 환자들의 고통을 줄여주기 위한 처방이 더욱 적극적으로 이뤄지도록 했다"는 평이 실렸다.

1928년 5월 미시간주 폰티액에서 태어난 잭 케보키언은 안락사뿐 아니라 평생 죽음에 대해 고찰한 독특한 인물이다. 어릴 때부터 머리가 좋던 그는 미술과 음악에 심취하고 신의 존재 같은 철학적 고민도 깊었다. 그는 미시간대 공대에 입학했다가 의대로 전과했다. 그 후 미시간대 의료센터에서 일했는데, 1958년에는 사형수들에게 마취로 비교적 편안한 죽음을 맞게 하는 대신 신체와 장기를 기증하도록 선택권을 주자는 주장을 과학 저널에 싣기도 했다.

미국 2014년,
브리트니 메이너드 사건

브리트니 메이너드Brittany Maynard의 죽음은 사건이라고 하기보다는 선택이라고 표현하는 것이 적절할 듯하다. 스물아홉 살에 악성 뇌종양에 걸려 6개월 시한부 삶을 선고받은 브리트니는 존엄사를 선택하기로 하고 미국에서 조력자살이 허용된 오리건주로 이사했다. 그는 떠나기 전 버킷리스트를 작성했고, 남은 시간 동안 사랑하는 사람들과 그랜드캐니언 등을 여행하며 사진을 남겼다. 그리고 2014년 11월 1일, 서른 번째 생일을 앞두고 남편과 엄마, 친구들 곁에서 눈을 감았다. 브리트니의 마지막은 잘 준비된 졸업식처럼 슬프지만 존엄했으며 평화로워 보였다.

브리트니는 세상을 떠나기 전 존엄사법의 필요성을 호소하는 글과 비디오 영상을 남겼다. 그의 또렷한 목소리와 확고한 의지, 가족에 대한 애정, 자신의 삶을 사랑하는 모습은 이전의 존엄사 논쟁 때와는 확실히 다른 감정을 불러일으켰다. 캐런 퀸런, 테

생전의 브리트니 메이너드 모습. 사진 Brittany Fund

리 샤이보, 그리고 잭 케보키언 등 그동안 미국에서 있었던 일련의 존엄사 논쟁에서 정작 당사자의 목소리는 거의 들을 수 없었던 것과는 달리, 브리트니는 분명한 자신의 목소리로 모든 사람은 자신의 삶을 마무리할 결정권을 가져야 한다고 이야기했다. 이는 많은 사람의 마음을 매우 자연스럽게 움직였다. 그리고 이듬해 브리트니가 원래 살았던 캘리포니아주에서는 생애말결정법(End of Life Option Act)이 통과됐다.

브리트니는 1984년 11월 캘리포니아주 앤아버에서 태어났다. 대학에서 심리학을 전공하고 교육학 석사 학위를 땄으며, 여행을 좋아하는 사람이었다. 인터넷에서 '브리트니 메이너드'를 검색해 보면 반려견을 안고 활짝 웃고 있는 젊은 여성의 사진을 볼 수 있다. 웨딩 사진도 잇따라 나온다. 그녀가 생애말 결정권 옹호 단체인 컴패션앤드초이스(Compassion & Choices)를 통해 전하는 그녀의 이야기와 존엄사를 결심하기까지의 사연을 유튜브 영상으로도 볼 수 있다. 이 동영상의 조회 수는 1200만 회가 넘는다.

브리트니는 2012년 9월 댄 디아즈와 결혼했다. 행복한 신혼 생활을 보내던 중 전에 없던 두통을 느껴 병원을 찾았다. 그리고 2014년 1월 1일 뇌암 2기 진단을 받았다. 종양이 자라는 걸 막기 위해 수술을 받았지만 그해 4월 암은 재발했다. 암은 뇌종양 중에서도 가장 악성으로 분류되는 교모세포종으로 발달했고, 의사는 6개월 정도 살 수 있을 거라고 예상했다.

의사들은 뇌 전체에 방사선 치료를 할 것을 처방했다. 그러나 그 부작용은 남은 삶마저도 완전히 포기하게 만드는 가혹한 것일 수 있었다. 브리트니는 "몇 개월을 알아본 끝에 내린 결론은 가슴 아프게도 아무것도 할 수 있는 게 없다는 것이었고, 의사들이 얘기한 치료들은 남은 시간마저 더욱 힘들게 할 것이라는 점이었다"고 말했다.

브리트니는 샌프란시스코에 있는 자신의 집에서 호스피스 케어를 받는 것도 생각했지만, 통증 완화 약물인 모르핀에 내성이 생기면 나중에는 언어, 인지, 운동 능력을 잃고 성격도 변하게 될 것 같았다. 가족들은 몇 개월간 이를 지켜봐야 할 것이다.

브리트니는 존엄사에 대해 알아보기로 했다. 존엄사는 정신적으로는 온전하지만 6개월 시한부 삶 선고를 받은 말기 환자들에게 주어지는 선택권이었다. 의사에게 치사약을 처방받아 갖고 있다가 견딜 수 없을 정도의 단계에 이르면 복용할 수 있는 것이다.

브리트니와 가족들은 오랫동안 살았던 캘리포니아주를 떠나 존엄사를 허용하는 오리건주로 이사했다. 거주권이 있어야 하므로 포틀랜드에 거주지를 설정하고, 운전면허증을 새로 발급받고, 유권자 등록 변경을 했다. 남편은 직장에 휴가를 냈다. 브리트니는 "대부분의 사람은 이를 할 만한 시간이나 여유가 없을 것"이라며 "모든 시민에게 이런 선택권이 주어져야 한다"고 강조했다.

존엄사 약을 처방받은 브리트니는 안도감을 느낀다고 했다. 만약 존엄사라는 선택지가 없었더라면 그는 공포와 불확실성, 통증밖에 생각할 수 없었겠지만, 선택지를 갖고 있는 것만으로도 불안한 시간 동안 평화를 느끼게 된다고 했다. 또 마음이 바뀌면 약을 먹지 않을 것이라고도 했다. 그는 분명한 목소리로 "나는 자살하는 게 아니다. 죽고 싶지 않다"고 말했다. "그러나 나는 죽어가고 있고, 그렇다면 내 방식대로 죽고 싶다"고 말했다.

페이스북 등에서 자신의 일상을 공유하면서 평소처럼 생활을 이어가던 브리트니는 죽음이 가까워지자 자신이 계획했던 대로 위층 침실로 올라가 가족, 친구들과 작별 인사를 나눈 뒤 약을 먹고 숨을 거뒀다.

브리트니는 다른 사람에게 존엄사를 선택해야 한다고 얘기하지 않는다. 다만 누구든 다른 사람이 자신의 마지막을 결정할 권리는 없다는 걸 이야기한다.

"고통이 정말 커지면 나는 사랑하는 사람들에게 이 말을 할 거예요. '사랑해요, 내가 다음으로 넘어갈 수 있게 작별 인사를 해줘요.' 그리고 위층 침실에서 남편과 엄마와 의붓아버지, 그리고 나의 친한 친구가 보는 데서 편안히 떠날 거예요. 누구도 이런 내 마지막 선택권을 뺏을 수 없습니다."

프랑스 2000년,
뱅상 윙베르 사건

2003년 〈나는 죽을 권리를 소망한다〉라는 책이 출판된 이후 프랑스에선 연명의료와 안락사에 관한 격렬한 논의가 촉발됐다. 같은 해 10월 국회의장의 요구로 의사이자 국회의원이던 장 레오네티Jean Leonetti는 8개월간 임종기 호스피스에 관한 연구 용역을 진행했다. 환자가 임종할 때 발생할 수 있는 문제에 대한 연구가 국회의 주도하에 본격적으로 이뤄진 것이다. 이런 연구에 토대해 레오네티는 공공보건법 개정안(레오네티법)을 발의했다. 2005년 4월 레오네티법이 결국 국회를 통과하면서 프랑스의 임종기 환자들은 연명의료를 중단하거나 거부할 수 있게 됐다. 프랑스에서 처음으로 환자 스스로 죽음을 선택할 수 있는 권리가 인정된 것이다.

연명의료 법안까지 촉발시킨 이 책의 저자는 바로 뱅상 윙베르Vincent Humbert다. 소방관이었던 그는 2000년 9월 24일 열아홉 살의 나이에 대형 트럭과 충돌하는 교통사고를 당했다. 여자친구와 영화를 보러 가는 중이었다. 큰 사고였던 만큼 온몸에 성한 곳이 없었다. 폐와 간을 다시 짜 맞출 정도의 대수술이 필요했고 뇌 수술까지 받아야 했다. 뱅상은 다행히 목숨은 부지했지만 혼수상태에 빠져 일어나지 못했다. 그렇게 9개월간 의식을 찾지 못하다가 기적적으로 깨어났다. 그러나 거기까지였다. 사지가 마비돼 몸을 거의 움직일 수 없었고 실명에 말까지 잃었다. 다행인 건 지적 능력에는 문제가 없었다는 점이다. 상대방이 프랑스어 철자 26개를 불러주면 눈꺼풀을 깜박이거나 간신히 오른손 엄지손가락을 움직이는 식으로 의사를 전달할 수 있었다. 그렇게 뱅상은 생에 대한 희망을 놓지 않고 간신히 삶을 버텨내고 있었다.

그러나 뱅상의 상태는 호전되지 않았다. 사고가 발생하고 2년이 됐을 때 마비된 몸에 갇혀 평생을 살아야 한다는 의학적 신고를 받았다. 그리고 뱅상은 물리치료와 언어치료도 받을 수 없는 시설로 옮겨졌다. 그는 죽기로 결심했다.

뱅상은 2002년 11월 자크 시라크 대통령에게 안락사를 할 권리를 인정해달라며 탄원서를 썼다. 그는 탄원서에서 "뚜렷한 의식을 갖고 있는 환자라면 누구든 자신의 행동에 책임을 져야 하고 생존이나 죽음을 선택할 권리가 있다. 나를 위해, 그리고 나를 사랑하는 이들을 위해 죽음을 바란다"고 호소했다. 하지만 그의 청원은 받아들여지지 않았다. 프랑스에서는 안락사를 법으로 금지하고 있기 때문이다. 대통령은 뱅상에게 직접 통화를 시도하고

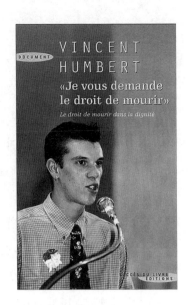

뱅상 윙베르가 안락사를 감행한 다음 날
그의 유언장에 해당하는 책 〈나는 죽을 권리를
소망한다〉가 출간됐다.

뱅상의 어머니를 접견하기도 했지만, 자신의 권한만으로는 안락
사를 허용할 수 없다는 답을 전했다.

결국 뱅상은 2003년 9월 24일 안락사를 강행했다. 교통사고를
당한 지 정확히 3년이 되는 날이었다. 어머니 마리 윙베르가 아들
의 계속된 설득에 지쳐 신경안정제인 펜토바르비탈나트륨을 다
량 주입했다. 뱅상은 깊은 혼수상태에 빠졌다. 이를 발견한 담당
의사가 그를 소생시켰다가 다시 가족과의 협의를 거쳐 최종적으
로 인공호흡기를 제거하고 염화칼륨을 주사했다. 뱅상은 그렇게
이틀 만에 숨졌다.

이 사건으로 모친은 수사기관에 구속됐다. 뱅상은 안락사를 감
행하기 전 자신의 유언장이 될 책을 미리 써놨다. 〈나는 죽을 권
리를 소망한다〉가 바로 안락사가 감행된 바로 이튿날인 9월 25일
에 출간된 것이다. 자신이 사고를 당하고 삶을 마감하기까지의

과정을 그린 책에서도 그는 자신에게 죽음을 선택할 권리를 달라고 절규했다. 또 안락사를 도와준 엄마에 대한 애정을 녹여냈다. 즉 "어머니가 내게 하는 일로 그녀를 재판하지 말아달라. 그것은 세상에서 가장 아름다운 것이다. 어머니가 그 같은 일을 할 정도로 아들을 사랑한다고 생각해달라. 어머니가 여생을 평화 속에 살도록 도와달라"고 썼다. 어머니는 책이 출간된 직후 구속 상태에서 풀려났다. 어머니는 언론과의 인터뷰에서 처벌을 우려하지 않느냐는 질문에 "아들이 받은 고통에 비하면 아무것도 아니다. 그것은 감옥보다 훨씬 지독한 것"이라고 말했다.

뱅상이 사망하고 다시 1년이 지난 2004년 9월 24일 어머니 마리는 프랑스에서 의사 조력자살을 허용할 것을 요구하는 대대적인 캠페인에 나섰다. 당시 '뱅상 욍베르법'을 입법해달라는 청원에 서명한 시민이 30만 명이 넘었다. 그 결실로 2005년 4월 관련 법이 국회를 통과했을 때 그 법의 이름은 레오네티법이면서 동시에 뱅상 욍베르법이기도 했다.

다행히 프랑스 검찰은 뱅상의 어머니를 기소하지 않았다. 이 사건의 담당 검사는 "뱅상의 어머니가 한 행동은 법적으로 여전히 금지되는 것이지만 그들이 겪은 심리적 압박을 감안하면 면소가 고려될 수 있다"고 말했다. 결국 어머니는 2006년 2월에 면소처분을 받았다.[4]

---

4 Le Parisien 2006.2.28., "Non-lieu for Marie Humbert and Doctor Chaussoy"

프랑스 2008년,
샹탈 세비르 사건

전신 마비로 고통을 받았던 뱅상 욍베르가 어머니의 도움을 받아 스스로 목숨을 끊은 지 1년 6개월여가 지난 2005년 4월, 프랑스에선 임종기 환자의 연명의료 중단이 합법화됐다. 여기에는 환자가 자기 의사를 표현할 수 없는 경우도 포함된다. 환자가 의식이 있었을 때 작성한 사전연명의료의향서를 참조하고, 이것이 없을 땐 의료진은 가족과 충분한 협의를 거쳐야 한다. 다만 적극적 안락사와 조력자살에 대한 논의까지 나아가지는 못했다.

2008년 프랑스 사회에 또 한 번 안락사 논의에 불을 지핀 사건이 발생했다. 희귀성 암으로 얼굴이 심하게 일그러져 고통을 받던 전직 교사 샹탈 세비르Chantal Sébire가 안락사를 요구하다가 52세의 나이에 스스로 목숨을 끊은 것이다. 세비르가 사망한 후 사르코지 프랑스 대통령이 내각에 안락사와 관련한 법률을 정비하라고 지시할 정도로 세간의 관심을 끌었다.

세 아이의 엄마였던 세비르는 2000년 비강에 생기는 악성 종양인 후신경모세포종이라는 진단을 받았다. 그러나 세비르는 당시 어떤 치료도 받지 않았다. 수술과 약물의 위험을 감수하고 싶지 않다는 게 그 이유였다. 시간이 지나면서 암은 그녀의 얼굴 전체로 퍼지기 시작했다. 코 근처 비강 부위는 물론이고 눈까지 파고들어 얼굴이 심하게 훼손됐다. 얼마 안 있어 눈과 코가 암으로 부풀어 올라 그녀가 누구인지조차 확인하기 어려운 상태에까지 이르렀다. 얼굴의 기능까지 사라진 건 당연지사였다. 병세가 심해지면서 미각과 후각 등 몸의 감각을 잃고 끝으로 시력마저 상실했다. 그녀는 이 상황에서도 모르핀 처방을 거부했는데 화학물질을 이용했다가 부작용이 생겨 자신의 몸을 망치고 싶지 않다고 했다.

세비르는 2008년 2월 사르코지 대통령에게 안락사를 허용해 달라고 공개적으로 호소했다. 당시 그녀는 "내가 선녀내고 있는 것을 동물이라도 겪어보게 해서는 안 된다"고 말할 정도였다.[5] 아울러 그녀가 살고 있는 지역에서 가까운 디종지방법원에 안락사를 허용해달라며 소송을 제기했다. 그러나 법원은 그해 3월 17일 그녀의 소송을 기각했다. 프랑스 법률이 임종기 환자의 생명 유지 장치를 제거하는 것은 허용하고 있지만 안락사는 허용하고 있지 않다는 게 근거였다. 세비르는 당시 "더 이상 고통을 견디는 것을 원하지 않으며 돌이킬 수 없을 정도로 상태가 악화되는 것도

---

5 The Daily Telegraph 2008.3.20., "Cancer victim Chantal Sebire found dead at home"

바라지 않는다"면서 "평화롭게 세상을 떠날 권리를 인정해달라"고 각계에 호소했다. 그래도 결국 받아들여지지 않았다.

법원의 기각 판결이 나오고 이틀이 지난 3월 19일 세비르는 결국 집에서 숨진 채 발견됐다. 부검해보니 그녀의 몸에선 펜토바르비탈이 검출됐다. 이웃 나라 스위스 등에서 의사가 조력자살을 시행할 때 환자에게 처방하는 약물이다. 환자가 이 약물을 마시면 잠이 들다가 수분 내에 사망에 이른다. 앞서 세비르는 언론과의 인터뷰에서 "프랑스의 법원이 죽을 권리를 인정해주지 않으면 다른 나라에서 그 권리를 획득하겠다"고 말했다. 인근 국가로 건너가 조력자살을 하겠다는 의향을 내비친 것이다. 프랑스에선 조력자살과 적극적 안락사는 허용되고 있지 않지만, 네덜란드, 벨기에, 스위스 등 인근 국가들은 조력자살을 처벌 대상으로 규정하지 않고 있다.

세비르의 사망 소식이 전해지자 프랑스에선 안락사 찬반 논쟁이 다시 재연됐다. 프랑스 총리실은 안락사 법규 제정을 추진했던 장 레오네티 의원에게 미비점을 보완하는 방향으로 법규를 개정할 것을 요청했다. 그러나 로즐린 바슐로나르캥 보건장관은 "의료계는 물론 그 어디서든 환자의 병세가 아무리 심각하더라도 적극적 안락사를 장려할 수 없다"고 법규 완화에 반대한다는 입장을 밝혔다. 이때까지 프랑스는 안락사를 법적으로 허용하지 않았다.

한편 세비르가 숨진 채 발견된 날 벨기에선 유명 작가 위고

클라우스Hugo Claus가 안락사로 숨을 거뒀다. 하지만 두 사람의 죽음의 양상은 전혀 달랐다. 알츠하이머병으로 고생하던 78세의 클라우스는 병원 의사에게 안락사를 정식으로 요청해 벨기에 법률에 따라 편안히 죽음을 맞았다. 벨기에는 2003년부터 안락사를 합법화했다.

프랑스 2013년, 뱅상 랑베르 사건

2019년 7월 11일 간호사였던 뱅상 랑베르Vincent Lambert는 마흔셋의 나이에 세상을 떠났다. 2008년부터 11년간 프랑스에서 존엄사 논란의 중심에 있던 그였다. 그는 이 기간 동안 전신 마비 상태에서 한 가닥 튜브를 통해 공급되는 음식과 물로 생명을 연장했다. 프랑스 최고재판소인 파기원이 그해 6월 28일 영양과 수분 공급을 중단해도 된다는 최종 판결을 내림에 따라 그는 열흘 만에 숨을 거뒀다. 소극적 안락사를 시행하라는 최종 판단을 법원이 내린 셈이다.[6]

평범한 가정의 아버지였던 뱅상은 2008년 9월 29일 오토바이를 타고 출근을 하다가 교통사고를 당했다. 두개골 손상을 입은 뱅상은 혼수상태에 빠졌고 결국 전신 마비에 이르렀다. 그는

6　BBC NEWS 2019.7.11., "Vincent Lambert: Frenchman at centre of end-of-life debate dies"

응급조치를 받은 병원으로부터 '최소한의 의식 상태(minimally conscious state)'라는 판정을 받았다. 의식이 없어 자신이나 주위 사람들을 알아보지 못하는 식물인간 상태와는 달리, 사지에 마비가 왔지만 눈을 깜빡이거나 고통은 느낄 수 있는 정도라는 의미다.

물론 뱅상은 타인의 도움이 없으면 생명을 유지하기 어려웠다. 상태가 나아지지 않자 2013년 4월 뱅상이 입원해 있던 랭스 대학 병원의 의료진은 그의 아내 라셸 랑베르와 치료 중단에 대해 상의하기로 했다. 의료진은 공중보건법 제1110...5조에 따라 '치료 집착' 상태, 즉 생명을 인위적으로 연장하기 위한 무의미한 치료 상태라고 결론지었다. 부인의 동의하에 의료진은 그의 목 아래로 튜브로 공급되던 물과 영양분을 더는 주입하지 않기로 결정했다.

그러자 가톨릭 신자였던 뱅상의 부모 피에르 랑베르와 비비안 랑베르는 즉각 반발하면서, 지방 행정법원에 치료를 중단해서는 안 된다며 병원 측을 상대로 제소했다. 법원은 병원이 아내 외 다른 가족과는 협의하지 않았다는 점을 근거로 부모의 손을 들어 줬다. 뱅상에 대한 영양과 수분 공급을 재개하라고 명령한 것이다. 당시 뱅상의 어머니는 언론 인터뷰에서 "아들은 죽지 않기를 원한다고 확신한다. (치료를 재개하자) 아들의 얼굴이 웃는 모습이 됐다. 아직 희망이 있다"고 말했다. 반면 아내 라셸은 "뱅상의 부모는 한 해에 서너 차례 아들을 보러 왔을 뿐이다. 현실을 마주하지 않는 사람들은 환상을 갖게 될 수 있다"고 말했다. 그녀는 또 "2007년 뱅상이 '의존적인 상태에 처한다면 침대에 붙들려 있는 것보다 죽는 걸 선호한다'고 말했다"고 강조했다. 그러나 뱅상이 그런 내용을 직접 글로 남기지 않고 위임자를 지정하지도 않았기에 연명치료 중단 의사를 밝혔다는 증거로 쓰이지는 못했다.

2013년 8월 병원은 뱅상의 가족을 불러 다시 한 번 합의 과정을 거치기로 했다. 그해 12월 의료진은 뱅상의 형제자매 6명, 아내와 협의해 다시 치료를 중단하기로 결정했다. 부모는 이번에도 소송으로 대응했다. 2014년 1월 지방법원은 또다시 부모의 손을 들어줬다. 법원은 "치료를 계속하는 게 무의미하거나 인위적으로 생명을 연장하기 위한 게 아니다"며 병원 측의 의학적 소견을 직접 반박하기도 했다. 뱅상의 아내는 결국 프랑스 최고행정법원인 국사원에 연명치료를 중단할 수 있게 해달라고 소송을 제기했다. 2014년 6월 국사원은 병원의 결정이 합법하다는 이례적인 판결을 내렸다. 사전연명의료의향서를 작성하지 않은 의식 없는 환자의 의사를 그의 부인과 형제들의 증언에 따라 추정한 것이다.

부모는 사건을 유럽인권재판소로 가져갔다. 유럽인권재판소는 회원국에서 인권 침해가 이뤄졌다고 판단될 경우 해당 국가에 배상 판결을 내릴 수 있다. 부모는 병원의 결정이 유럽인권협약 제2조(생명권)를 위반했다고 주장했다. 그러나 2015년 6월 유럽인권재판소는 프랑스 국사원의 치료 중단 판결이 적합하다며 생명권 위반 사항이 없다고 판결했다.

수년간 치열한 법정 다툼 끝에 2019년 7월 우리나라의 대법원 격인 파기원이 쐐기를 박았다. 의료진의 자체 판단으로 연명치료를 중단할 수 있다는 최종 결정을 내린 것이다. 이로써 뱅상의 가냘픈 생명을 유지하던 턱 밑의 튜브는 제거됐다. 결국 뱅상은 영

2015년 6월 프랑스 스트라스부르에 있는 유럽인권재판소에서 심리가 열렸을 당시 참석한 랑베르 가족들의 모습. 뱅상 랑베르에 대한 연명치료 중단을 두고 아내와 어머니 사이에 의견이 갈리면서 법적 분쟁이 벌어졌다.

양분과 수분을 공급받지 못해 숨졌다.

당시 교황은 트위터 메시지를 통해 "뱅상 랑베르가 하느님 아버지의 품에 안기기를 기도하겠다"고 전했다. 이어 "누군가의 삶이 더 이상 살아갈 가치가 없다고 판단하고 함부로 생명을 버리는 사회를 만들어서는 안 될 것"이라면서 "모든 생명은 언제나 소중하다"고 말했다.

뱅상의 죽음은 프랑스 사회에도 존엄한 죽음이란 무엇인지에 대한 물음을 던졌고, 실제로 많은 영향을 끼쳤다. 프랑스 언론에 따르면 예기치 못한 죽음에 대비해 사전연명의료의향서를 작성하기 위해 관련 사이트를 방문한 사람이 한 달 만에 20배 증가했다는 보도도 나왔다.

프랑스에서 존엄사 허용은 뱅상 랑베르 사건과 긴밀히 맞물려 있다. 이를테면 2014년 6월 뱅상 랑베르에 대한 국사원의 판결이 나온 뒤인 2015년 3월, 프랑스 하원은 말기 환자에게 진정제를 투여해 잠든 상태에서 생을 마감할 수 있도록 허용하는 이른바 '깊은 잠' 법안(La loi "sommeil profond" sur la fin de vie)을 통과시켰다. 의사가 환자에게 진정제를 투여하면서 인공호흡기 같은 연명치료, 음식과 수분 공급을 함께 중단해 자면서 생을 마감할 수 있게 하는 것이다. 치사약을 먹거나 주사를 맞고 바로 사망하는 기존의 안락사와는 차이가 있다. 생명이 얼마 남지 않은 말기 환자 본인이 요구해야 하지만, 병이나 사고로 의사 표현이 어려운 경우에도 환자가 사전에 연명치료를 받지 않겠다는 뜻을 밝혔다면 진정제 투여가 가능하다.

하지만 2015년 5월 프랑스 상원은 예상과 달리 법안 통과를 거부했다. 논의는 다시 처음으로 돌아간 듯했다. 그러다가 그해 6월 뱅상 랑베르 사건에 대한 유럽인권재판소의 판결로 재차 흐름을 확인한 뒤인 2016년 1월 프랑스 상·하원은 다시 최종적으로 법안을 통과시켰다.

물론 이는 말기 환자에 대한 연명의료 중단 조치와 가까워서 안락사와 조력자살을 합법화한 것은 아니다. 아직까지 프랑스는 안락사를 허용한 국가가 아니다.

호주 2002년,
낸시 크릭 사건

1995년 노던 준주가 안락사법을 제정함으로써 세계 최초로 적극적 안락사를 합법화한 나라는 네덜란드가 아니라 호주가 될 뻔했다. 당시 노던 준주는 정신과 의사를 포함한 의사 3명의 동의하에 말기 환자에게 안락사를 허용하는 안락사법(말기환자의 권리에 관한 법, ROTI Act)을 1996년 7월부터 시행했으나, 이는 6개월 만에 폐기되고 말았다. 1996년 9월 전립선암 환자인 로버트 덴트 Robert Dent에 이어 1997년 1월 균상식육종 환자인 재닛 밀스Janet Mills가 필립 니츠케Philip Nitschke라는 의사의 도움을 받아 안락사를 하면서 다시 찬반 논쟁이 뜨겁게 달아오르고 국론 분열 조짐까지 보인 것이다. 더군다나 밀스는 비주민인데도 호주의 다른 주에서 안락사를 하기 위해 건너온 경우였다. 안락사를 반대하는 시위가 연일 호주 전역을 휩쓸고 안락사를 택했던 환자의 가족까지 안락사 반대 운동 전면에 나서면서 반대 여론은 극에 달했다. 급기야

1997년 3월 호주 연방 상원이 노던 준주의 안락사법을 전격 폐지했다.

그 후 호주 내에서 안락사 논의는 계속돼 2017년에는 호주에서 두 번째로 큰 주인 빅토리아주가 안락사를 허용했다. 빅토리아주의 안락사 허용 법안이 2017년 11월 주 의회를 통과해 2019년 6월 시행되면서 호주는 다시 안락사 허용 국가가 됐다. 구체적으로 보면 기대 여명이 6개월 미만인 18세 이상의 말기 환자는 빅토리아주에서 최소 1년을 살았을 경우 치사량의 약을 요구할 수 있다. 루게릭병으로 알려진 운동신경 질환이나 다발성경화증을 앓는 경우에는 조건이 완화된다. 이때는 대상이 되는 환자의 기대 여명이 6개월에서 1년으로 관대해진다.

이렇게 호주가 안락사 허용 국가가 된 배경에는 그동안 사회적으로 다양한 논의를 거쳐온 사정이 있다. 호주에서 안락사 논의에 불을 지핀 인물로 2002년 5월 21일 70세에 사망한 낸시 크릭 Nancy Crick을 들 수 있다.

낸시는 2002년 5월 21일 퀸즐랜드주 골드코스트 집에서 가족과 친지 21명에게 둘러싸인 가운데 100밀리리터의 넴부탈을 마시고 자살했다. 소량은 수면제로 쓰이지만 다량을 마시면 사망에 이를 수 있는 약물이다. 그녀는 앞서 대장암 수술을 받았다. 그러나 암에서 유발된 고통보다 대장암 후유증으로 생긴 고통이 더 컸다. 수술을 받은 이후 소장과 대장에 걸쳐 유착과 폐색이 극심해진 것이다. 그녀의 결정을 지지했던 의사이자 안락사 지원 단체 엑시트인터내셔널의 창립자인 필립 니츠케는 언론과의 인터뷰에서 "사실 낸시는 암에 걸렸을 때는 죽고 싶은 마음이 없었다. 그러다 대장암 치료를 받고 나서 죽고 싶어 했다"고 말했다.

실제로 사망한 뒤 부검한 결과 낸시는 암세포에 시달린 것이 아니라 장 유착과 폐색이 매우 심각한 상태였던 것으로 드러났다. 비판론자들은 암세포가 보이지 않은 점을 두고 그녀의 자살 행위를 문제 삼았지만, 많은 언론은 장 유착 등으로 생긴 극심한 통증이 그녀의 삶의 질을 바닥까지 떨어뜨렸다는 점에 대해 수긍했다. 그녀는 사망하기 직전까지 대부분의 시간을 화장실에서 보낸 것으로 알려졌다.

낸시는 임종하는 순간 혼자 있고 싶지 않았다. 그런데 자신이 죽은 뒤 그 자리에 함께 있었다는 이유로 자녀들이 기소될 것이 걱정됐다. 그녀가 조력자살을 시도할 당시 자신을 지지하는 많은 이(엑시트인터내셔널)를 같은 자리에 초대한 이유도 사실 조력자살을 돕는 이들이 형사처벌을 받는 것을 막기 위해서였다. 당시 호주에서 조력자살은 불법이었다. 수사기관이 마음만 먹으면 그녀의 자살을 돕거나 방관하는 자들을 처벌할 수 있다는 의미다. 그래서 많은 수의 사람들이 마지막 자리에 참석하면 수사기관이 실제 이들을 입건하는 데 부담을 가질 것이라고 생각했다. 결국 이런 과정을 걸쳐 그녀의 조력자살은 대중에게 알려지고 공론화됐다.[7]

7　THE AGE 2002.5.23., "'I didn't want to die alone': Nancy Crick"

낸시가 사망한 이후 호주에선 안락사 논쟁이 가열됐다. 실제로 당시 언론에는 최소 3명의 말기 암 환자가 안락사의 합법화를 지지해달라는 취지로 공개적으로 안락사를 시행할 것을 고려하고 있다는 보도가 나왔다. 이들을 진료하고 있던 필립 니츠케는 언론에서 "가족과 친구들 앞에서 스스로 죽음을 택할 것을 고려하고 있는 사람들을 포함해, 100여 명의 말기 환자가 있다"고 말했다.

상황이 그렇다고 안락사가 쉽게 합법화되지는 않았다. 실제로 호주의학협회(AMA)는 안락사가 쉽게 선택할 수 있는 선택지로 남는다면 호주 사회에 생명 경시 풍조가 발생할 것이라고 경고했다. 하지만 2017년 호주에서 제일 큰 주인 뉴사우스웨일스주에서 안락사 허용 법안이 의회의 표결 끝에 한 표 차이로 부결되고 사우스오스트레일리아주에서도 10차례 이상 관련 법안이 제출되는 등 안락사를 허용하는 움직임이 이어졌다. 아니나 다를까 2019년 12월 웨스턴오스트레일리아주가 안락사를 법제화한 두 번째 주가 되고 2022년 5월 뉴사우스웨일스주가 주들 가운데 마지막으로 안락사를 허용하면서 호주에서는 노던 준주와 수도 캔버라를 제외한 모든 주에서 안락사가 허용됐다. 곧 호주 전역에서 안락사가 합법화될 전망이다.

호주 2018년,
데이비드 구달 사건

식물생태학의 권위자인 데이비드 구달David Goodal은 1914년 영국 런던에서 태어났다. 1948년 호주로 건너갔고, 1953년 멜버른대에서 박사 학위를 받았다. 호주와 영국, 미국 등 5개 대학에서 교수 생활을 했다. 그동안 30권에 날하는 방내한 분량의 '세계의 생태계(Ecosystems of the World)' 시리즈를 30여 년에 걸쳐 집필하고 편집했다. 대학에선 1979년 퇴직했지만 이후에도 연구 활동은 계속했다. 아흔 살이 돼서도 테니스를 칠 만큼 건강했다.

하지만 104세가 된 2018년 그는 스스로 삶을 마감하기로 결심했다. 호주 서부 퍼스의 이디스카원대학에서 명예연구원으로 재직하던 구달은 자신의 생일인 4월 4일 언론과의 인터뷰에서 "질병으로 고통받고 있지는 않지만 건강이 나빠지면 지금보다 더 불행해질 것 같다. 지금 나이에 이르게 된 것을 매우 후회하고 있다"고 말했다.

"나는 늙어가고 있다. 시력을 포함해 내 모든 능력은 퇴화했다. 이제 나는 집에 24시간 갇혀 있거나 양로원에서 살 수밖에 없다. 그래서 나는 행복하지 않다. 죽고 싶다. 내가 슬픈 건, 죽어야해서가 아니라 죽을 수 없어서다. 노인들이 조력자살권을 포함한완전한 형태의 시민권을 누려야 한다."

구달은 2016년에 대학 측으로부터 건강을 이유로 재택근무를 권고받고 나서 이런 생각을 하게 됐다고 한다. 대학 측은 당시102세 고령인 그가 1시간 30분 거리의 연구실로 출퇴근하기 위해 버스와 지하철을 네다섯 차례 환승해야 하는 상황이 우려된다면서, 집에서 일하면서 학교에는 미리 일정이 잡힌 미팅에만 나올 것을 권고했다. 하지만 연구실 복도 등에서 동료들과 담소하는 것을 즐겨온 그는 퍼스에선 그들 말고는 다른 사회적 접촉이없다며 반발했다. "고령 노동자에 대한 차별"이라는 그의 반박은곧 국제적 논쟁으로 번졌다. 그는 "내가 이렇게 나이가 들지 않았다면 일어나지 않았을 일"이라고 한탄했다. 결국 대학 측은 재택근무 권고를 철회하고 그의 집에서 가까운 캠퍼스에 새 연구실을마련하는 타협안을 냈다. 하지만 옛 사무실에서 동료와 친구들을만나지 못한다는 사실에 실망한 그는 예전과 같은 의욕이 들지않았다.

그러던 중 2018년 4월 집에 혼자 있다가 큰 부상을 당하면서결심을 굳히게 됐다. 당시 원룸 아파트에서 넘어진 그는 그 상태에서 이틀 동안 일어나지 못했다. 청소 담당이 쓰러진 그를 발견해 병원으로 옮겼다. 다행히 회복했지만 이 사건 이후 혼자만의

데이비드 구달이 스위스 바젤에서 마지막 기자회견을 하던 중 마지막 음악을 골라달라는 질문을 받고 노래를 부르는 모습. 사진 Guardian News 동영상 캡처

힘으로 생활하는 것이 힘들어졌다.

호주는 그 당시 빅토리아주를 제외한 나머지 주는 안락사를 허용하지 않던 중이고 안락사 허용 법도 기대 어명이 6개월 미만인 말기 환자에게만 적용됐다. 이에 구달은 스위스에 가기로 결심하고 바젤에 있는 지원 단체 라이프서클에 조력자살을 의뢰했다. 구달을 회원으로 둔 엑시트인터내셔널은 그의 '마지막 여행' 경비를 지원하기 위해 웹사이트를 통해 1만 7000호주달러 (1372만 원)를 모금했다.

구달은 2018년 5월 2일 호주를 출발해 아들이 사는 프랑스 보르도를 방문한 뒤 7일 바젤에 도착했다. 그는 호주와 스위스에서 기자회견을 하며 자신의 마지막 여정을 실시간으로 대중에 알렸다. "나는 호주에서 죽고 싶었다. 호주가 스위스보다 훨씬 많이 뒤

처져 있다는 것을 안타깝게 생각한다." 이어 자신의 사례가 세계에서 안락사에 대한 규제를 재고하는 데 도움이 되길 바란다고 덧붙였다.

구달은 스스로 삶을 마감하기 전날인 5월 9일에도 바젤의 작은 호텔에서 생애 마지막 기자회견을 가졌다. 그는 "마지막 일주일을 가족과 함께 보내서 기쁘다. 하고 싶은 일이 많이 있지만 너무 늦었다. 그것들을 남겨두고 떠나는 것에 만족하고 있다"고 말했다. 또 마지막 순간 듣고 싶은 음악을 골라달라는 한 기자의 질문에 "그런 것은 없다. 하지만 골라야 한다면 베토벤 9번 교향곡 '합창'의 마지막 악장이 될 것이다"면서 '환희의 송가'의 첫 몇 소절을 독일어로 힘차게 불렀다. 기자회견에 참석한 기자들은 박수를 쳤다.[8]

이튿날 그는 의료진과 손자들이 지켜보는 가운데 치사량에 해당하는 신경안정제를 주사함으로써 숨을 거뒀다. 주사액을 정맥안으로 주입하는 밸브는 자기 스스로 열었다. 모든 과정은 영상으로 녹화됐다. "장례식은 치르지 말라. 나를 기억하려는 어떤 추모 행사도 갖지 말라. 시신은 해부용으로 기증하라"는 유언을 남겼다. 엑시트인터내셔널의 창립자인 필립 니츠케는 "불치병이 아니라 고령을 이유로 안락사를 택한 건 내가 아는 한 구달 박사가 최초의 사례"라고 밝혔다.

---

8 USA TODAY 2018.5.10., "David Goodall, 104, takes final journey at Swiss assisted-suicide clinic"

중국 2002년, 바진 사건

2005년 101세로 타계한 바진巴金은 중국 현대문학의 최고봉 으로 평가받는다. 중국 문단은 그를 루쉰, 궈모뤄, 마오둔, 라오서, 차오위와 함께 현대문학 6대 거장으로 손꼽았다. 100세 때는 중 국 지도부로부터 작가 최고의 명예인 '인민작가' 증서를 받기도 했다.

본명이 리야오탕李堯棠인 바진은 1919년 발생한 5·4운동을 거 치면서 사회주의 사상을 접했다. 루쉰과 교류하며 문학의 길에 들어섰고, 1927년부터 2년간 프랑스 파리로 유학하면서 무정부 주의자들과 교류했다. 유학 당시 심취했던 러시아 무정부주의자 바쿠닌(중국식 이름 巴枯寧, 바쿠닝)과 크로포트킨(克魯泡特金, 커 루파오터진)의 중국식 이름에서 각각 맨 앞 글자와 맨 마지막 글자 를 하나씩 따 바진으로 개명했다. 프랑스 유학을 마치고 중국으 로 돌아와 1929년에 발표한 첫 번째 소설 〈멸망〉이 성공을 거두 며 이름을 알렸다. 이후 루쉰과 함께 신문화 운동을 주도하고 한

1938년 서른네 살 때의 바진

편으론 언론 활동을 통해 항일 운동을 펼쳤다.

　문화혁명 시절엔 라오서 등 많은 동료가 부르주아로 몰려 죽임을 당하는 것을 보고 붓을 꺾었고, 자신도 홍위병들에게 반혁명 분자로 낙인찍혀 심한 핍박을 받았다. 당시 부인이 병원에서 치료를 거절당해 사망에 이른 사건은 향후 그의 인생 후반에서 커다란 트라우마로 자리 잡았다. 1977년에 다시 복권되면서 문학과 관련한 국가의 요직에 발탁돼 1983년부터는 전국인민정치협상회의(정협) 부주석과 작가협회 주석을 맡았다. 말년에 쓴 대표작은 1978년부터 1986년까지 8년에 걸쳐 쓴 5권짜리 〈수상록〉이다.

　1983년부터 파킨슨병이 발병해 고통을 겪던 바진은 1990년대 후반에 들어선 건강이 급격히 악화돼 만성 기관지염과 고혈압까지 앓으면서 수시로 의식을 잃었다. 젊은 날 자신이 썼던 글에서

"나는 마흔 살까지만 살기를 바란다"고 밝히기도 했던 그는 의료 진과 가족에게 "오래 사는 것은 좋은 일이 아니라 고통이다. 내겐 일종의 형벌이다"며 안락사를 간청했다. 하지만 받아들여지지 않았다. 당시 바진은 식사와 약을 코로 뚫은 관을 통해 간신히 해결했다. 주위에서 의료진이 "바라오(巴老, 巴선생님), 손 좀 들어보세요"라고 소리치면 간신히 눈을 뜨고 손을 조금 드는 정도였다고 한다.

원로 문학가의 안타까운 호소는 중국 사회에 안락사 논쟁을 일으켰다. 바진이 작가협회에 몇 차례나 "제발 생을 마치게 해달라"고 요구해도 작가협회는 계속 거부했다. 당시 중국에선 베이징 시민의 64퍼센트가 "사는 게 죽느니만 못할 땐 죽음을 택하겠다"고 답변하는 등 안락사에 찬성하는 여론이 높았다. 바진은 그런 상태로 상하이 화둥병원에서 6년가량 병마의 고통에 신음하다 암으로 2005년 10월 17일 눈을 삼았나. 그의 죽음을 끝으로 5·4운동을 통과한 대가들의 시대는 막을 내렸다.

중국에서 안락사 논쟁은 바진 사후에도 이어졌다. 2007년엔 당시 28세의 리옌李燕이라는 장애 여성이 국영 방송 CCTV에 나오는 유명 앵커의 블로그에 '생명을 사랑하지만 더 이상 살고 싶지 않다'는 글을 올렸다. 그러면서 중국 최고 국가 기관인 전국인민대표대회에서 안락사 합법화를 위한 법을 제정해줄 것을 요청했다.

그녀는 한 살 때부터 근육과 장기가 수축되는 루게릭병에 걸려 27년째 거동을 하지 못한 채 생활하고 있었다. 머리와 손가락 일부만을 겨우 움직일 수 있는 정도여서 혼자서는 먹고 마시고 화장실을 다니는 일이 불가능했다. 어머니가 사준 컴퓨터를 통해 겨우 의사 표현을 할 수 있었다. 입으로 젓가락을 물고 자판을 두드렸다.

그녀는 '안락사 일기'라는 제목의 일기를 썼다. "지금은 부모의 도움으로 그나마 살아갈 수 있지만 부모가 죽고 나면 누가 나를 돌볼 수 있겠느냐. 차라리 스스로 죽을 수 있는 자유를 달라"고 호소했다. 이 글이 공개되자 많은 네티즌이 그녀의 안타까운 처지에 동정과 이해를 보이면서 안락사를 허용해야 한다는 지지 의사를 밝혔다.

특히 중국사회과학원 연구원인 자오공민 정협 위원은 "이제 중국도 안락사를 합법화할 시기가 됐다"며 동조하고 나섰다. 그는 베이징에 사는 노인들 중 85퍼센트와 상하이에 사는 노인들 중 73퍼센트가 안락사 합법화에 찬성했다는 조사 결과를 공개하기도 했다.

2015년에도 베이징의 당 기관지 광밍르바오光明日報가 전신 불구 상태인 두 살배기 아이의 사례를 소개하며 안락사가 또 한 번 화두가 됐다. 안후이성에 살던 슝쥔이熊俊怡 군은 아버지의 직장인 택배 회사에 가 놀다가 사고를 당해 뇌를 크게 다쳤다. 응급조치로 생명은 겨우 구했지만 전신 불구 상태에 빠졌다. 폐에 계속 담이 차는 등 치료 불능 상태에 빠지면서 의료진 역시 생존 가능성이 없다며 손을 놓았다. 아들의 고통을 보다 못한 부모는 의료진과 정부에 안락사를 요청했지만 거절당했다.

중국은 현재 안락사를 인정하는 법률은 없지만 은밀히 안락사를 시행하는 경우가 많은 걸로 알려진다.

영국 2002년,
미스 B와 다이앤 프리티 사건

2002년 영국에선 안락사를 희망한 두 여성이 서로 상반된 판결을 받아 세계적 관심을 끌었다. 공교롭게도 43세 동갑내기이자 똑같이 전신 마비 상태에 있던 '미스 B'와 다이앤 프리티Diane Pretty 는 안락사의 허용 범위를 놓고 운명이 엇갈렸다. 유럽인권재판소는 두 사건을 비교하면서 이렇게 설명했다. "이들 두 케이스는 매우 비슷하지만 중요한 윤리적 차이가 있다. 미스 B가 치료를 포기하는 권리를 요청한 반면 다이앤 프리티는 생명을 끝내는 적극적인 개입을 요구했다."

정확한 이름은 공개되지 않고 미스 B라고만 알려진 여성은 그해 3월 22일 영국고등법원으로부터 '죽을 권리'를 처음으로 인정하는 판결을 받아 사회적 파장을 불러일으켰다. 그녀는 1년 전 목 부위의 혈관이 파열되면서 전신이 완전 마비 상태에 빠졌다. 인공호흡기 없이는 숨조차 쉴 수 없었다. 그녀는 생명 보조 장치를 떼는 걸 허가해달라고 법원에 요청했다.

법원은 "미스 B는 생명 유지를 위한 의학적 치료에 동의하거나 거부할 수 있는 지적 능력을 갖추고 있다. 이 같은 상황에서는 삶이 죽음보다 고통스러울 수 있다"며 '죽을 권리'를 인정했다. 또 "미스 B의 희망에 반해 강제로 호흡하도록 한 행동은 불법적인 침해"라고 덧붙였다. 앞서 의료진이 영구 식물인간 상태의 환자에 대해 생명 보조 장치를 제거하도록 허가해달라고 법정에 요청한 적은 있었지만, 완전한 정신 능력을 가진 환자가 직접 법원에 결정을 구한 건 처음이었다.

이 판결 직후 영국에선 거센 찬반 논란이 불붙었다. 한 시민단체는 "건강한 정신을 가진 성인은 스스로 죽음을 판단할 수 있다는 원칙을 인정한 법원 결정을 환영한다"고 밝혔다. 반면 안락사 반대 측 단체는 "이번 법원 결정이 갖는 의미에 대해 매우 우려한다. 미스 B는 적절한 도움을 받으며 인생을 즐길 수 있다고 확신한다. 그러나 그녀가 재활 거부를 선택해서 매우 유감이다"고 반박했다.

미스 B는 변호사를 통해 낸 성명에서 "균형 있고 사려 깊은 판단이었고, 재판 결과에 대단히 만족한다. 내가 받은 치료는 불필요하고 개인적으로 고통스런 과정이었다"고 밝혔다. 미스 B는 한 달여 뒤인 4월 24일 자신의 의사에 따라 인공호흡기를 떼고 잠을 자다 조용히 숨을 거뒀다.

미스 B가 사망하고 닷새가 지난 4월 29일 다이앤 프리티는 유

다이앤 프리티와 남편 브라이언 프리티. 사진 Dignity In Dying 홈페이지

럽인권재판소로부터 다른 판결을 받았다. 그녀는 1999년부터 퇴행성 운동신경세포 장애라는 불치병을 앓으면서 운동신경이 마비돼 휠체어에 의존해왔다. 점점 증세가 악화돼 목 아래 전신이 마비 상태가 됐다. 말도 할 수 없고(음성 합성기를 통해 소통) 음식물 섭취도 튜브에 의존해야 했다. 그녀는 다가온 죽음을 예상하고 인공호흡기를 제거하기로 결심했다. 그리고 가족 및 친구들과 더 이상 의사소통을 할 수 없게 될 때 의사의 도움을 받아 죽고 싶다는 계획을 남편과 상의했다.

　이후 다이앤은 남편이 자신의 자살을 도울 수 있게 허락해달라고 법원에 요청했다. 1961년에 제정된 자살방지법(Suicide Act)은 자살을 불법으로 규정하지는 않지만 다른 사람의 자살을 부추기거나 도울 경우 최고 14년의 징역형에 처하는 범죄행위로 규정한다. 그녀는 "나를 자연사하도록 두는 것은 괴로움을 주는 동시에 존엄성을 해치는 것"이라고 주장했다. 그러나 영국 검찰과 고등법원, 대법원에 차례로 청원을 넣었지만 받아들여지지 않았다.

이에 마지막으로 유럽인권재판소를 찾았는데, 이날 영국 법원이 자신의 인권을 침해하고 있다는 다이앤의 주장을 기각했다. 유럽인권재판소는 판결문에서 "(자살 조력을 범죄행위로 규정한) 영국 법이 다이앤의 인권을 침해하는 것은 아니다. 제3자나 당국의 지원에 의해 죽을 권리를 인정할 수는 없다"고 밝혔다. 당시 다이앤은 기자회견에서 "법이 나의 모든 권리를 앗아갔다"고 말했다.

법적 노력이 무산되자 다이앤은 남편의 도움을 받아 온라인 사이트를 개설하고 법 개정을 위한 온라인 서명 운동에 나섰다. 그녀는 가족과 의사 교환을 할 수 있을 때 생명 유지 장치를 떼어내고 편안히 눈감고 싶다고 했다. "25년 동안 결혼생활을 해온 남편과 두 아들에게 너무 고통스런 일이 되겠지만 내가 '좋은 죽음'을 선택할 수 있고 그걸 감행한다면 그게 자신들을 위해서도 좋은 일이라는 점을 고통스럽게 알고 있다." 또 "나를 에워싼 가족의 얼굴을 보며 그들에게 '안녕'이라고 말한 뒤 '빠른 죽음'을 맞이할 수 있다면 더할 나위 없이 행복할 것이다"고 말했다.

다이앤은 패소한 지 나흘 만인 5월 3일 호흡 곤란 증세를 일으키며 고통을 호소해 곧바로 집 근처에 있는 호스피스로 옮겨졌다. 혼수상태에 빠져 5월 11일 남편이 지켜보는 가운데 숨을 거뒀다. 임종을 지킨 남편은 이렇게 말했다. "다이앤은 본인이 예견하고 두려워했던 상태를 겪어야 했으며, 내가 도울 수 있는 것은 아

무엇도 없었다. 그녀는 마침내 자유로워졌다."⁹

　한편 같은 해 네덜란드에선 4월 1일부터 안락사법이 세계 최
초로 시행에 들어갔다. 네덜란드의 안락사법은 상당히 엄격한 전
제 조건을 달고 있다. 환자들이 치유될 수 없고, 환자가 건강한 정
신을 잃지 않은 상태에서 안락사에 동의했으며, 환자의 고통이
견딜 수 없을 정도로 클 경우 등 세 가지 기준에 부합할 경우에
만 의사는 안락사를 시행할 수 있다. 담당 의사는 안락사를 시행
하기에 앞서 세 조건이 충족됐는지를 확인하기 위해 반드시 다른
의사들과 협의해야 한다. 모든 안락사는 법률가, 의사, 윤리학자
등으로 구성된 특별위원회에 보고돼 검토 과정을 거치게 되며,
기준이 충족되지 못한 것으로 판정되면 의사는 기소된다.

---

9 BBC NEWS 2002.5.13., "Husband pays tribute to Diane Pretty"

영국 2009년,
데비 퍼디 사건

　데비 퍼디Debbie Purdy는 영국 존엄사법의 전환점을 마련한 상징
적인 인물이다. 2014년 12월 23일 브래드퍼드의 마리퀴리 호스
피스에서 51세의 나이에 숨을 거둘 때까지 20년 가까이 마비돼가
는 몸을 이끌고 조력자살의 합법화에 앞장섰다.

　젊은 시절 여러 나라를 여행하며 프리랜스 음악평론가로 활동
하던 그는 1995년 원발성 진행형 다발성경화증이라는 진단을 받
는다. 중추신경이 마비되면서 척수 등에 염증이 생기는 등 면역
체계가 무너지고 나중에는 인지 기능 장애와 운동신경 장애까지
겪는 병이다. 싱가포르에서 만났던 쿠바 출신 재즈 바이올리니스
트 오마르 푸엔테와 함께 1997년 귀국하고, 이듬해 두 사람은 결
혼한다. 2001년 데비는 휠체어에 앉아 생활하게 되고 시력과 청
력 역시 눈에 띄게 악화됐다.

　데비는 고통이 심해지자 안락사를 고민하기 시작했다. 그런

데 한 가지, 스위스로 가서 디그니타스의 도움을 받아 조력자살을 결행하려 했으나 동행할 남편이 처벌받을 것이 우려됐다. 그 무렵 다이앤 프리티의 고등법원 탄원소송이 있었다. 다이앤 프리티가 패소하고 2002년 5월 숨졌다는 소식이 전해졌을 때 같은 처지에 있던 데비는 크게 낙담했다. 데비는 남은 삶을 '죽을 권리'를 위한 싸움에 바치기로 결심한다. 그의 싸움은 크게 두 가지로 정리된다. 하나는 '죽을 권리'를 보장하라는 것과 또 하나는 환자의 안락사를 돕는 조력자에 대한 합법과 불법 사항을 명확히 해달라는 것이다.

2008년 그는 환자의 조력자살을 돕는 이가 처벌돼서는 안 된다는 취지의 소송을 냈다. 당시 안락사가 허용된 외국으로 나가 조력자살을 한 영국인이 최소 126명에 이른다는 통계가 있었고, 2002년 이후에는 이런 영국인들이 평균 한 달에 2명꼴이 됐다.[10] 하지만 그때까지 검찰은 이들 중 누구도 기소하지 않고 있었다. 그래도 데비는 자신의 스위스행에 남편이 동행하고 도와줄 경우 처벌 가능성이 불확실한 것은 인권 침해라고 주장하며, 남편이 안락사를 도울 경우 기소될 것인지를 확실히 밝혀달라고 했다. 즉 다이앤 프리티가 남편이 자신의 자살을 돕는 것을 허락해달라고 주장했다면, 데비는 조력자살 사건에서의 기소 여부에 관한 구체적인 정보를 사법적 심사를 통해 명확히 해달라는 것이었다.

1심과 2심은 남편이 안락사를 도울 경우 기소되지 않을 것이

---

10 The Guardian 2009.7.30., "Debbie Purdy wins 'significant legal victory' on assisted suicide"

대법원 판결 이후 2010년에 출간된 데비 퍼디의 책 〈그것은 내가 죽고 싶어서가 아니다〉. 쿠바 출신 재즈 바이올리니스트인 남편 오마르 푸엔테와 함께 활짝 웃고 있는 데비 퍼디. 뒤쪽에 런던 웨스트민스터 궁전과 대법원 건물이 보인다.

라고 확언할 수 없다고 했지만, 2009년 9월 대법원은 "안락사 조력자에 대한 처벌 규정을 개정하라"고 판결하며 데비의 손을 들어주었다. 대법원은 1961년 제정된 자살방지법이 명확하지 않아 유럽인권협약 제8조에서 규정하는 개인의 사생활을 존중한 권리와 인권을 침해하고 있다며, "검찰은 (안락사 조력자에 대한) 기소와 관련된 규정들을 명확히 할 필요가 있다"고 지적했다. 역사적인 판결이었다.

대법원의 결정에 따라 영국 검찰은 2010년부터 조력자살과 관련된 사건을 기소할 때 조력자의 동기, 죽는 사람이 자신의 자살에 대해 명확한 판단을 내릴 능력이 있는지 등을 고려하겠다고 밝혔다. 즉 안락사 조력자에 대한 기소 가이드라인을 만든 것은 조건부로 안락사를 허락한다는 취지로 볼 수 있었다.

검찰은 이후 자살방조 혐의로 90여 건을 조사했으나 단 한 건도 기소하지 않았다. 예컨대 2009년 7월 유명 지휘자 에드워드 다운스Edward Downes(당시 85세)가 부인(74세)과 함께 스위스로 가서 디그니타스를 통해 동반 조력자살을 한 사건이 있었다. 에드워드 다운스는 시력과 청력에 문제가 있었지만 말기 환자는 아니었는데, 일상생활에서 아내한테 전적으로 의지해 살아가다가 아내가 췌장암 말기라는 진단을 받고 온몸에 암세포가 전이돼 죽음을 앞두게되자 함께 조력자살을 택한 것이다. 이때 취리히까지 동행해 임종을 지켰던 딸과 아들이 부모의 죽음과 관련해 어떤 역할을 했는지에 대해 경찰의 심문을 받았지만 기소되지는 않았다.

대법원 판결 이후 여러 판례에서 '죽을 권리'를 인정하면서 안락사를 용인하는 분위기가 됐다. 2009년 영국 상원도 정부가 조력자살 가이드라인을 제정해야 한다고 의결했고, 정부는 '당사자가 불치병을 앓는 경우' '당사자가 분명히 안락사를 원하는 경우' 등 안락사 조력자를 처벌하지 않는 13가지 기준을 마련했다.

하지만 데비는 남편과 함께 스위스로 떠나지 않고 영국에 남기로 했다. 아직 법이 바뀐 것은 아니므로 고통을 견디며 죽을 때까지 법과 싸우기로 한 것이다. 이때 데비가 보여준 용기를 보면서 영국 시민들은 조력자살 문제를 전혀 다른 각도에서 바라보게된다.

그리고 죽기 1년 전인 2013년 몸을 움직일 수 없게 되자, 스위스로 넘어갈 자금 여력이 없던 데비는 자신에게 남은 유일한 합법적 수단으로서 단식을 택한다. 음식 섭취를 거부하며 삶을 마감할 준비를 하는 것은 그가 평소 주장해온 대로 자신의 운명을 스스로 맞이하려는 모습이었다. 데비는 죽기 전 BBC와의 마지막 인터뷰에서 "삶을 끝내는 것이 중요한 것이 아니라, 고통 속에서 계속 사는 것이 문제다. 그리고 나는 MS(다발성경화증)와 20년 가까이 함께 살아왔다"고 말했다.[11]

데비의 죽음은 2014년 영국의 겨울을 안락사 논란으로 뜨겁게 달궜다. 전 캔터베리 대주교인 로드 경과 유명 작가 이언 매큐언 등 80여 명은 2014년 12월 27일 공동 서한을 발표했다. 영국에서 불치병 등으로 고통받는 사람 10명 중 1명이 스스로 삶을 마감하기 위해 조력자살을 허용하는 스위스로 가고 있다며, 의회에서 존엄사를 허락하는 논의를 시작할 것을 촉구했다.

그 후 영국에서는 새로운 조력자살 법안이 계속 발의됐지만 아직까지 의회를 통과하지 못하고 있다.

---

11 INDEPENDENT 2014.12.30., "Debbie Purdy: Campaigner who fought tirelessly for clarification of assisted suicide laws"

독일 1981년 헤르베르트 비티히 사건, 1984년 율리우스 하케탈 사건

독일에서 안락사와 조력자살은 민감한 이슈다. 1940~1945년에 나치 체제하에서 'T4 안락사 작전(Aktion T4)'에 따라 정신 질환자와 장애인 수십만 명을 합법적으로 몰살한 적이 있었기 때문이다. 즉 안락사라는 말에서 나치의 우생학을 떠올리는 것이다. 독일에서 안락사 사건에 주로 당사자의 이름이 아니라 옆에서 자살을 방조하거나 도운 이의 이름이 붙는 것도 이러한 과거사와 무관하지 않다. 그럼에도 1980년대부터 몇몇 사건들이 이슈화되면서 점차 안락사 입법 논의가 필요하다는 목소리가 커져갔다. 1981년 비티히 사건과 1984년 하케탈 사건이 대표적이다. 이 두 사건의 판례는 모두 환자의 자기결정권과 의사의 생명 보호 의무가 충돌하는 상황에서 환자 스스로 죽음을 선택할 권리를 중시하고 있다.

1981년 평소 심각한 동맥경화와 관절염으로 고생하던 77세의 미망인 U는 가정의인 헤르베르트 비티히 Herbert Wittig가 집으로 찾아올 때면 종종 "죽고 싶다"고 말했다. "누구의 도움도 필요하지 않다"면서 "병원과 요양원에 보내지 말아달라"고 하고, 죽음의 의사 표시를 해서 책상 위에 두곤 했다. 그해 11월 28일 비티히가 약속한 시간에 집을 방문했을 때 아무도 문을 열어주지 않았다. 여분의 열쇠로 집 안에 들어간 그는 침대 위에서 의식을 잃고 누워 있는 U를 발견했다. 맥박은 희미하고 숨소리도 간헐적으로 들려왔다. 이미 목숨을 잃을 정도의 다량의 모르핀과 수면제를 복용한 후였다.

죽어가는 여인의 손에는 남편의 사진 한 장이 들려 있고, 빈 약통들 옆에는 가정의 앞으로 쓴 쪽지가 놓여 있었다. "의사 선생님에게. 부디 나를 병원으로 옮기지 말아주길(An meinen Arzt. Bitte kein Krankenhaus)."[12] 어떠한 의료 행위도 그녀에게 도움이 되지 않으리라고 판단한 비티히는 앰뷸런스를 부르지 않고 한 이웃과 함께 그녀가 숨을 거둘 때까지(다음 날 아침 7시) 조용히 곁을 지켰다. 당시 환자를 바로 병원으로 이송해 구조 조치를 취했다면 목숨을 구할 수 있었는지에 대해선 명확히 밝혀지지 않았다.

이 사건으로 비티히는 재판에 넘겨졌다. 하지만 크레펠트 지방법원은 피고인이 구조 활동을 하지 않은 것이 환자의 죽음을 야기한 것은 아니므로 부작위의 촉탁살인(죽음을 결심한 피해자의 요구에 따라 그 사람을 살해하는 행위)으로 볼 수 없다며 무죄를 선고했

---

12 DER SPIEGEL 1984.9.7., "Letzter Wille: Darf ein Arzt einen lebensmüden Patienten sterben lassen?"

다. 또 환자의 자기결정권과 의사의 구조 의무가 충돌할 경우 판단은 의사의 양심적 결정에 맡기는 것이 타당하다고 했다. 연방대법원도 자살자의 자기결정권의 연장으로서 자살 의사가 존중돼야 한다고 밝히면서 가정의에게 최종적으로 무죄를 선고했다.

독일 사회에 그다음으로 큰 영향을 미친 사건은 1984년 율리우스 하케탈Julius Hackethal 사건이다. 이 사건의 환자였던 69세의 여성 E는 1977년부터 항암 치료를 받으며 극심한 고통을 겪고 있었다. 암세포가 입술과 뺨, 턱까지 번져 얼굴 모습이 일그러졌고, 한쪽 눈은 멀고 다른 한쪽 눈에서 끊임없이 눈물이 흘러내렸다. 눈꺼풀에도 종양이 퍼져 눈이 제대로 감기지 않았다.

그해 4월 환자 E는 킴제호에 있는 한 요양 병원에서 주임 의사 하케탈에게 "이대로는 계속 살 수 없다"며 도와달라고 매달렸다. 암세포가 민감한 얼굴 신경 전반에 퍼지는 바람에 어떤 약 처방으로도 고통이 줄어들지 않았다. 이미 대학병원에서 13차례의 수술을 받은 뒤였고 방사선 치료를 진행한 의사도 두 손을 든 상태였다. 그럼에도 환자의 심혈관계와 내부 장기는 모두 정상적으로 기능했다.

하케탈은 마지막 순간 환자를 병실에 혼자 남겨두고 자리를 떴다. 그리고 자신의 진찰실에서 종이컵에 청산가리를 담아 환자의 친구를 통해 전달했다. 환자는 스스로 청산가리를 마시고 사망했다. 밤 9시경 환자가 사망했다는 소식을 전달받은 하케탈은 사망진단서를 작성한 뒤 곧바로 경찰에 이 사실을 알렸다. 다음

날 아침 독일 전역에선 하케탈의 행위를 두고 엇갈린 평가가 나오며 공방이 벌어졌다.

이듬해 검찰은 하케탈을 촉탁살인 혐의로, 청산가리를 환자에게 전달한 이를 방조 혐의로 기소했다. 하지만 트라운슈타인 지방법원은 이 사건에 대한 공판 개시를 인정하지 않았고, 뮌헨 상급지방법원 역시 촉탁살인을 적용할 만큼 혐의가 충분하지 않다며 기각했다.[13] 이 사건에서도 법원은 환자의 자기결정권을 중시하며, 환자가 스스로의 이성적 판단에 의해 독물을 마셨기 때문에 하케탈에게 구조의 책임이 발생하지 않는다고 봤다. 즉 가벌적인 촉탁살인과 불가벌적인 자살방조는 죽음에 이르는 상황을 누가 지배했느냐에 따라 구별되는데 환자가 스스로 독물을 마셨으므로 하케탈은 불가벌적인 자살방조에 해당한다고 본 것이다. 또 환자의 자기결정권과 의사의 생명 보호 의무가 충돌할 때 의사의 양심적 결정이 중요하다고 판단했다.

비티히, 하케탈 사건에서 볼 수 있듯이 독일에서는 판례를 통해 환자의 자기결정권을 폭넓게 인정하고 있다. 특히 두 사건처럼 환자가 자신의 명확한 의지에 따라 죽음에 이르고 의사가 이를 방조한 경우에는 처벌하지 않았다.

1993년에는 식물인간 상태인 환자의 존엄사를 허용하는 첫 판결이 나왔다. 이른바 켐프테너(Kemptener) 사건이다. 72세의 여

---

[13] DER SPIEGEL 1984.4.30., "Helfen Sie, ich kann so nicht weiterleben"

성 환자는 켐프텐의 한 병원에서 3년 전 심장마비로 인한 뇌 손상으로 뇌사 상태가 된 후 인공적으로 영양을 공급받으며 생명을 이어가고 있었다. 환자는 말을 하거나 음식을 삼키지도 못하고 단지 자극에 대한 반응만 있을 뿐이었다. 담당 의사는 환자가 2~3주 내에 죽음에 이를 것이라고 추정하고 환자의 아들과 협의해 기존의 영양액 대신 차茶만 공급하기로 결정했다. 일종의 소극적 안락사를 생각한 셈이다. 아들로서는 환자가 지난날 텔레비전에서 사지 경직과 욕창으로 간호를 받는 사례를 보면서 저렇게 삶을 마치고 싶지는 않다고 말한 것을 고려한 결정이었다. 하지만 영양액 중단에 대한 합법 여부에 의문을 품은 간호사가 이 사실을 법원에 알리면서 결정은 실행되지 못했다. 법원은 환자의 아들이 '영양 공급을 차로 바꾸는 것을 허가해달라'며 낸 신청을 받아들이지 않았다.

환자는 그해 12월 폐수종으로 사망했다. 이후 켐프텐 지방법원은 의사와 환자 아들에게 살인미수를 적용해 벌금형을 선고했다. 단순히 환자가 텔레비전을 보면서 한 말을 치료 중단에 대한 동의라고 추정하기엔 충분하지 않다고 판단한 것이다. 하지만 연방대법원은 환자가 죽음의 과정에 진입하지 않은 경우에도 회생 가능성이 없는 환자라면 의사의 연명치료 중단이 예외적으로 허용될 수 있다고 봤다. 그러면서 소극적 안락사가 '죽음이 임박한 때의 도움(Hilfe beim Sterben)'이라면 그들의 행위는 '죽음에로의 조력(Hilfe zum Sterben)'에 해당한다며 원심을 기각했다. 또 재판부는 이 사건처럼 환자의 의사를 확정하기 어려운 경우에는 환자의 '추정적 의사(mutmaßlich Willen)'가 중요하다고 봤다. 환자가 이전에 구두나 서면으로 한 의사 표현, 환자의 종교적 신념이나 가치관, 환자의 나이를 고려한 예상 수명이나 고통 감수 능력 등을 고려해 환자의 의사를 추정할 수 있다고 판단했다. 이 판례는 환자의 의사 확인이 어려운 경우에도 존엄사의 인정 범위를 사실상 확장했다는 평가를 받는다.

독일 2008년,
로거 쿠시 사건

독일에서 조력자살 문제는 1984년 하케탈 사건 이후 갈수록 첨예화되고 있다. 2010년에는 의료법을 전문으로 다루는 변호사 볼프강 푸츠Wolfgang Putz가 요양원에 입원해 있던 혼수상태 환자의 연명의료 중단에 대해 환자의 딸에게 조언했다가 살인죄로 기소된 사건이 있었다. 요양원 측이 영양 공급 중단에 대해 반대하는 가운데 푸츠는 환자의 뜻에 따르려는 딸에게 복벽에 연결돼 있는 영양관의 호스를 직접 자르라고 조언했다. 몇 분 후 딸은 호스를 잘랐다. 하지만 요양소 직원이 이를 발견해서 다시 영양 공급이 재개됐고, 환자는 그렇게 살다가 2주 후 사망했다. 지방법원은 푸츠의 행위를 딸과 공모해 적극적으로 살인을 시도한 것으로 봤다. 물론 그 후 연방대법원에서 환자의 의지에 따른 연명치료 중단은 처벌되지 않는다고 하며 푸츠에게 무죄를 선고했지만, 연명치료 중단에 대한 변호사의 조언 행위를 두고 논란이 분분했다.

안락사를 돕거나 자살하는 방법을 알려주는 의사와 법률가를 어떻게 바라봐야 할까. 2008년 쿠시 사건은 독일 전역에서 '죽을 권리'에 대한 논란에 다시 불을 붙였다. 함부르크주 법률장관을 역임한 로거 쿠시Roger Kusch는 2008년 6월 29일 79세의 여성 C가 이틀 전에 자살한 과정을 담은 비디오를 언론에 공개했다. 쿠시는 사람이라면 죽을 때까지 자신의 삶을 스스로 결정하는 것이 중요하다는 생각에서, 자살을 원하는 C에게 치사약을 조제하는 방법을 말로 설명해줬다.

C는 거동이 불편했지만 불치의 병을 앓거나 극심한 고통을 겪는 상태는 아니었다. 비디오에서 그녀는 아파트 계단을 오르내리거나 음식을 준비하는 일이 점점 힘들어진다며 죽음을 결심하게 된 사연을 이야기했다. 특히 얼마 후 요양원에 들어가 남의 도움을 받으며 살게 될 것을 두려워했다. C는 그해 4월 쿠시에게 메일을 보낼 때부터 이미 자살을 결심하고 있었다.

쿠시는 사건 당일 C의 집을 방문해 자살 과정을 촬영할 비디오 장비를 설치하는 등 준비를 마친 다음 집을 떠나 있다가 3시간 뒤 돌아와 숨진 C의 시신을 수습했다. C는 자살하기 전 비디오에서 "쿠시의 행동을 지지하며 나의 죽음이 그에 대한 사법 처리로 이어지지 않기를 희망한다"고 말했다. 하지만 쿠시는 C가 약물을 어떻게 구했는지에 대해선 언급하지 않았다.[14]

이 사건은 생명에 지장이 없는 환자를 대상으로 했다는 점에

---

14 THE LOCAL 2008.11.11., "'Senator Death' sparks euthanasia debate"

서 안락사보다는 자살방조에 방점이 찍힌 것으로 볼 수 있다. 사건 이후 쿠시의 방법은 많은 대중의 분노를 샀다. 숙련된 변호사로서 위법적인 상황을 교묘히 피했지만 그의 언론 플레이는 독일 법에 정면으로 맞서는 모습으로 비쳤던 것이다. 곧이어 자살을 직접 돕는 것뿐 아니라 자살 방법을 알려주는 행위도 처벌해야 한다는 여론이 일고 자살방조 관련 법률의 개정도 추진됐다. 당시 앙겔라 메르켈 총리도 "어떠한 형태의 자살방조 행위도 반대한다"고 말했다.

독일 연방헌법재판소는 2020년 2월 26일 조력자살의 합법성을 지지하는 결정을 내렸다. 전문적인 지원을 받는 자살을 금지하는 것은 말기 환자의 죽음에 대한 자기결정권을 박탈하는 것이므로 위헌이라고 판단했다.

위헌 판단이 내려진 독일의 형법 217조는 이른바 조력자살 (Sterbehilfe, 죽음조력) 금지법으로 불린다. 2015년에 만들어진 관련 조항은 상업적 목적에서 자살을 돕는 행위를 금지하고, 이를 어길 경우 최대 징역 3년에 처할 수 있다는 내용이다. 즉 의사나 조력자살 지원 단체가 대가를 받고 자살을 원하는 환자에게 약물 등을 제공하는 행위를 금지한 것이다. 다만 의사가 만성 질환 환자의 고통을 단축하려는 판단에서 조력자살을 돕는 행위는 문제 삼지 않는다. 하지만 '상업적 목적'에서의 자살 조력을 금지한다는 규정 자체가 불명확해 그동안 다툼의 여지가 컸다.

연방헌법재판소의 취지에 따르면 자살은 기본적 인권이자 자율적인 자기결정 행위로서 국가와 사회에 의해 존중돼야 하며, 조력자살은 기소 대상에서 제외된다는 뜻으로 볼 수 있다. 이때 자살은 견딜 수 없는 고통에 대한 최후의 수단으로서의 자살에 한정되지 않는다. 연방헌법재판소는 "죽음에 대한 자기결정권은 중증 또는 치료할 수 없는 질환과 같은 외부 원인에 의해 규정된 상황에 제한되지 않으며, 삶이나 질병의 특정 단계에만 적용되는 것도 아니다. 오히려 이 권리는 인간이 존재하는 모든 단계에서 보장받는다"고 판시했다.

즉 연방헌법재판소의 결정은 치료 불가 진단이나 말기 환자의 경우라는 조건을 달지 않았다. 이는 말기 환자라는 단서를 단 벨기에와 네덜란드의 입법보다 훨씬 급진적인 것이다. 질병이나 노화에 대한 두려움, 사랑의 상실, 직업에서의 실패, 삶이 더 이상 흥미롭지 않다는 느낌 등 어떤 이유여도 충분하다는 뜻이다. 앞으로 이러한 결정이 독일과 유럽 전역에 어떤 영향을 미칠지 많은 이들이 주목하고 있다. 2017년 독일에서 자살한 이는 9000여 명, 2019년 스위스의 디그니타스에 가입한 독일인은 3225명에 달했다.[15]

이번 결정이 모든 이의 환영을 받은 것은 아니어서 새로운 죽음조력 산업이 문을 열었으며 치료 선택지 중의 하나로 자살을 정당화하는 길을 마련한 것이라고 보는 이들도 많다.

---

15 The New York Times 2020.2.26., "German Court Overturns Bans on Assisted Suicide"

이탈리아 2009년,
엘루아나 엔글라로 사건

2009년 2월 6일 베피노 엔글라로는 지난 17년간 식물인간 상태로 살아온 딸 엘루아나 엔글라로Eluana Englaro의 생명 유지 장치를 제거했다. 이는 이탈리아 대법원의 판단에 따른 것으로 국민의 대다수가 가톨릭인 이탈리아에서 커다란 논란을 불러일으켰다.

1992년 1월 당시 스물한 살이던 엘루아나 엔글라로는 혼자 차를 몰고 귀가하던 중 커브를 돌다가 빙판길에 미끄러져 벽을 들이받고 말았다. 목뼈가 부러지고 뇌사 상태에 빠지면서 다시는 의식을 회복하지 못했다. 그녀는 이탈리아 북부 레코의 병원에서 생명 유지 장치를 통해 영양분을 공급받으며 생명을 이어갔지만, 의사들은 회복이 불가능하다고 진단했다.

가족들은 그녀가 교통사고를 당하기 1년 전 뇌사 상태에 빠진 친구를 문병하고 돌아온 길에 "나 자신에게도 같은 일이 벌어지면 식물인간 상태로는 살고 싶지 않다"고 여러 차례 말했다면서,

그녀가 존엄하게 죽을 권리를 인정해달라고 법원에 요청했다. 하지만 1999년 밀라노 항소법원은 물론 2005년 대법원에서도 가족들의 요청은 받아들여지지 않았다.

그러다가 2007년 가족들의 재심 요청이 받아들여지면서 상황이 반전됐다. 2008년 11월 13일 대법원은 엔글라로가 의존하던 영양분 공급 튜브를 포함한 생명 유지 장치를 제거하는 것을 허용했다. 재판부는 "어떤 공권력이나 검찰이 개입할 수 없는 극히 개인적인 권리에 해당하는 사안이며, 모든 개인은 어떤 경우에도 병의 치료에 대한 결정을 스스로 할 수 있는 권리가 있다"고 밝혔다. 이탈리아에서 나온 첫 존엄사 허용 판결이었다. 로마 가톨릭 측에서 즉각적인 비판 성명이 나온 것은 물론이다.

재판부가 이런 전향적인 판단을 내린 데는 앞서 안락사로 생을 마감한 시인 피에르조르조 웰비Piergiorgio Welby의 사례도 영향을 미친 것으로 보인다. 10대 때부터 근위축증을 앓아온 웰비는 쉰 살이 넘어가면서는 전혀 움직일 수 없게 됐다. 인공호흡기 없이는 숨을 쉴 수 없었고 엔글라로처럼 기계를 통해 영양을 공급받았다. 말도 할 수 없어 음성 합성 장치의 도움을 받아 겨우 의사소통을 했다.

"인위적인 호흡 기계와 인위적인 영양 공급과 인위적인 소화기와 인위적인 장기 청소로 만들어진 인위적으로 연장된 죽음으로, 몸뚱이만 겨우 숨 쉬고 있는 제게 도대체 자연적인 것이 어디 있습니까? 제게 남은 건 더 이상 삶이 아니고 고통스럽게 죽어가

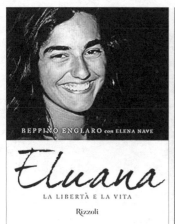

아버지 베피노 엔글라로와 그가 써서 2009년 6월 출간한 책 〈엘루아나: 자유와 삶〉

는 것뿐입니다. 안락사를 선택하게 해주십시오."

2006년 예순 살이던 웰비는 당시 대통령 조르조 나폴리타노에게 이런 공개서한을 보냈다. 이에 나폴리타노 대통령은 "한 인간으로서 연민을 느꼈다"며 즉각 답장을 보냈고 각계각층에 이 문제에 대해 공론화하도록 촉구했다. 곧바로 이탈리아 사회에선 치열한 안락사 논쟁이 시작됐다. 당시 청원을 검토한 로마 법원은 "현행 법의 테두리에서 안락사를 허용하기 어렵다"며 웰비의 안락사 요청을 받아들이지 않았다. 이탈리아에서 죽음을 돕거나 조장하면 최소 5년에서 최대 12년의 징역형을 받는다.

하지만 웰비의 간곡한 부탁에 담당 의사인 마리오 리초Mario Riccio는 같은 해 12월 20일 웰비에게 진정제를 투여하고 인공호흡기의 전원을 껐다. 웰비는 "고맙다"는 말을 남기고 45분 뒤 사망했다. 물론 리초의 행위는 범죄로 간주돼 재판에 넘겨졌다. 리초는 자신의 행위는 "안락사가 아니라 치료 중단"이라며 "치료 거부는 환자의 권리"라고 말했다. 법원도 이를 받아들여 리초에게 무죄를 선고했다. 한편 로마 가톨릭 측은 웰비의 죽음이 교리에 어긋난다며 장례 미사를 거절했다.

당시 엔글라로의 아버지는 서른여덟 살이 된 딸의 생명 유지 장치를 직접 제거했다. 법원의 판단에 따른 행위였지만 여론은 찬반으로 갈라져 치열하게 대립했다. 그동안 머물던 레코에서 남동부 우디네의 요양소로 엔글라로를 이송할 무렵 많은 시민들이 안락사 찬성과 반대 측으로 나뉘어 시위를 벌였다. 정치권에서도 논쟁이 가열됐다. 당시 우파 성향의 총리 실비오 베를루스코니는 즉각 그녀에게 영양 공급을 재개하라는 긴급 총리령을 발표했다. 그러자 나폴리타노 대통령은 법원에서 이미 판결을 내린 사안이라면서 이에 대한 서명을 서부하며 맞섰다. 바야흐로 이탈리아가 헌정 위기에 빠져드는 순간이었다.

엔글라로는 생명 유지 장치를 제거한 지 사흘 만인 2006년 2월 9일 숨을 거뒀다. 그녀가 사망한 이후에도 이탈리아 사회는 두 쪽으로 갈라져 논쟁을 지속했다. 국회에서 여야 의원들이 서로를 '살인자' '헌정 파괴자'라며 격렬한 설전을 벌였다. 이탈리아에서 안락사 합법화를 둘러싼 논쟁은 지금까지 계속되고 있다.

이탈리아 2017년,
파비아노 안토니아니 사건

"마침내 스위스에 도착했다. 불행히도 조국의 도움을 받지 못하고 내 힘으로 여기에 왔다. 고통의 지옥에서 나를 꺼내준 카파토에게 정말 감사한다."

'DJ 파보'로 알려진 파비아노 안토니아니^{Fabiano Antoniani}는 사망하기 직전 소셜 미디어에 마지막 음성 메시지를 남겼다. 유명 음악 프로듀서로 전 세계를 누비며 활동하던 중 2014년 6월 클럽에서 일을 마치고 집으로 돌아오다가 불의의 교통사고를 당했다. 그 후 사지가 마비된 상태에서 튜브로 영양 공급을 받으며 침대에 누워 하루하루를 보내야 했다. 게다가 시력까지 잃어 아무것도 볼 수 없었다. 안토니아니는 안락사를 강력히 원했다. 하지만 이탈리아 사회에서 합법적인 안락사는 불가능했다.

2017년 마흔이 된 안토니아니는 "나는 새장 속에 갇힌 느낌이다. 누구나 자신의 최후를 자유로이 결정할 수 있어야 한다. 안락사법을 조속히 마련해달라"는 호소를 적은 편지를 세르조 마타렐라 대통령에게 보냈다. 하지만 의회에서 안락사 법안이 정치 공방 끝에 열한 번이나 보류되자 그는 조력자살이 합법화된 스위스에서 삶을 마감하기로 결심한다.[16]

"우리는 견딜 수 없는 끝없는 고통에 빠진 스스로를 해방시키려면 해외로 나갈 수밖에 없는 나라의 노예일 뿐."

2017년 2월 25일 안토니아니는 이런 말을 남기고 고향인 밀라노를 떠나 스위스로 향했다. 몸을 움직일 수 없는 안토니아니에게는 동행자가 있었다. 전 국회의원이자 존엄사 활동가인 마르코 카파토Marco Cappato다. 카파토는 동행을 마치고 귀국하면 살인방조 등의 혐의로 기소될 것을 알고 있었다. 하지만 그는 "나는 인간의 자기결정권을 위해 행동한다"고 밝혔다.

안토니아니는 고향을 떠난 지 이틀 뒤인 2월 27일 오전 11시 40분 디그니타스의 시설에서 조력사살로 생을 마쳤다. 생을 마감하기 전 카파토에게 깊은 감사의 인사를 남겼다.

다음 날 밀라노로 돌아온 카파토는 자신의 조력 행위를 스스로 경찰에 알렸다. 그러면서 자신의 행동을 "정의롭지 못한 법에 대한 시민 불복종 행동"이었다고 말했다. 결국 그는 살인방조죄로 기소돼 재판에 넘겨졌다. 만일 죄가 인정된다면 카파토는 이탈리아 법에 따라 최대 12년의 징역형을 받을 수 있는 상황이었

---

16 THE SUN 2017.2.28., "Top DJ Fabiano Antoniani aka DJ Fabo ends his own life by pressing a button in Swiss suicide clinic after car smash left him paralysed"

Marco Cappato
@marcocappato

Fabo mi ha chiesto di accompagnarlo in Svizzera. Ho detto
di sì. #fabolibero

마르코 카파토가 파비아노 안토니아니의 사망 직전 트위터에 올린 글. '파보(파비아노 안토니아니)가 내게 스위스에 동행해줄 것을 요청했다. 나는 그렇게 하겠다고 말했다.'

다. 밀라노 항소법원은 카파토의 살인방조 혐의에 대한 심리를 시작하는 한편, 헌법재판소에 안락사 관련 처벌 규정이 담긴 형법 제580조가 합헌인지에 대해 판단해줄 것을 요청했다. 형법 제580조는 '타인이 자기 생명을 끝내는 결심을 실행하도록 도운 사람은 조건 없이 처벌한다'는 내용을 담고 있다.

2019년 9월 25일 헌법재판소는 조력자살과 관련한 판단을 내놨다. "생명 유지 조치로 삶을 지탱하고 있으나 되돌릴 수 없는 병으로 고통을 겪는 환자가 스스로 목숨을 끊으려 할 경우, 이를 도운 누군가에 대해 특정 조건에서는 처벌해서는 안 된다." 특정 조건이란 환자가 회복할 수 없는 병에 걸렸고, 생명 유지 치료로 생명을 이어갈 뿐 아니라, 견딜 수 없는 신체적·심리적 고통이 발생하고 있으며, 환자 자신이 자유롭고 의식적인 결정을 내릴 수 있는 충분한 능력을 갖추고 있는 경우를 말한다. 헌법재판소는 또 끔찍한 고통에서 벗어나는 것 역시 한 사람의 헌법적 권리라고 명시했다.

그해 12월 23일 밀라노 항소법원은 헌법재판소의 결정을 반영해 카파토의 살인방조 혐의에 대해 무죄를 선고했다. 안락사 방

Valeria Imbrogno
2017년 2월 27일 · 🌐

Vorrei che questa notte non finisse mai....

여자친구 발레리아 임브로뇨가 파비아노 안토니아니의 임종 당시 페이스북에 올린 글. "오늘 밤이 영원히 끝나지 않았으면 좋겠다"고 썼다.

조에 대한 이탈리아 법원의 첫 무죄 판결이 나온 것이다.

카파토는 헌법재판소와 법원의 판단에 대해 "안토니아니와 같은 조건에 있는 사람들은 (타인의) 조력을 받아 죽을 권리가 있다"면서 "이번 결정은 시민 불복종의 승리"라고 밝혔다.[17] 하지만 이탈리아 정치권에서는 여전히 찬반 의견이 엇갈리면서 안락사 입법화는 계속 난항을 겪을 전망이다. 중도 좌파 성향의 정당들은 헌법재판소의 결정에 따라야 한다는 입장인 반면, 우파 성향의 정당들은 "안락사 인정 법인이 의회를 통과하는 일은 없을 것"이라며 격렬히 반대하고 있다. 특히 바티칸 교황청을 중심으로 한 가톨릭 종교계의 강력한 안락사 반대 입장도 이탈리아 사회에 계속해서 큰 영향을 미칠 것으로 보인다.

---

17 BBC NEWS 2019.9.26., "DJ Fabo ruling: Italy's top court backs assisted dying in extreme cases"

3부

죽음의 질 낮은 대한민국

위암 말기 80대 노부부의 극단적 선택

2016년 6월 19일 저녁 부산 금정구의 한 빌라. 노부부는 인생의 황혼기를 함께한 낡은 빌라에서 작은 잔치를 열었다. 할머니의 여든두 번째 생일을 축하하는 자리였다. 근처에 사는 둘째 아들이 고기를 사 들고 왔다. 할머니가 호호 불어가며 할아버지(85세) 입에 고기를 넣어주었다. 식사를 마칠 때까지 삼킬 수 있었던 건 단 두 점이었지만 할아버지는 "맛나다"며 환하게 웃었다.

할아버지는 많이 아팠다. 위암 4기였다. 2011년 이 몹쓸 병이 덮쳤다. 수술을 받고 나은 줄 알았는데 재발했고, 이후 식도와 십이지장까지 암세포가 번졌다. 의사는 위 전체를 들어내고 식도와 장을 직접 연결해야 한다면서 결과는 장담할 수 없다고 했다. 할아버지는 "그렇게까지 하면서 살고 싶지 않다"며 수술을 거부했다. 두 달 만에 15킬로그램이 빠졌다. 낮에는 걸을 힘이 없어서, 밤에는 배를 찢는 고통에 바닥을 기었다.

64년간 해로한 할머니에게 할아버지는 "이제 그만 헤어질 시간이 된 것 같다"고 말했다. "함께 가요. 당신 없이 혼자 남겨지기 싫어요." 잔칫상을 물리고 아들마저 돌아간 밤 10시. 할아버지와 할머니는 안방 침대에 나란히 누웠다. 둘 다 곱게 한복을 차려입었다. 할아버지와 할머니는 손을 맞잡고 각자의 영정을 팔에 낀 채, 마지막 잠에 들었다.

노부부는 그렇게 한날한시에 떠났다. 어느덧 삼년상을 마치지만 늙은 아들은 아픈 기억을 털어내지 못했다. 같은 동네에 살며 매일 문안을 왔던 둘째 아들 김영성(59세) 씨의 눈에 눈물이 고였다. 이미 숨을 거둔 부모를 처음 발견해 신고한 이도 그였다.

"처음 위암이 발병했을 때는 바로 수술도 받고, 억지로라도 음식을 삼키게 하는 약까지 먹어가며 밥을 드셨어요. 그러다가 암이 재발했다는 말을 듣고 나서 두 분 다 충격을 많이 받았죠. 그때 표정은 평생 잊지 못할 것 같습니다."

할아버지의 병은 점점 깊어졌다. 가장 큰 고통은 먹지 못하는 괴로움이었다. 새 모이처럼 잘게 썬 것만 간신히 넘길 수 있었다. 죽이 아니면 다른 음식은 씹다가 내뱉기 일쑤였다. 나중에는 협심증까지 덮쳤고 종종 심근경색 증상이 왔다. 1931년생인 할아버지는 한국전쟁에 참전한 용사였다. 육체적으로나 정신적으로 누구보다 건강하다고 믿었지만, 병에는 장사가 없었다. 결국 스스로 백기를 들었다. 자식에게 가장 하기 어려운 말을 건넸다.

"이제 그만 내를 놔도…." 침묵이 흘렀다. "근데 걸리는 건 느그 엄마다. 자꾸 같이 가자고 안 카나…. 만다꼬 그래쌌는지 모르긋다. 니가 쫌 어뜨케 해봐라."

할아버지는 할머니가 아들 내외와 좀 더 살며 남은 생을 누리길 바랐다. 두 사람은 전쟁통에 백년가약을 맺었다. 할아버지는 전쟁 후 공무원으로 일하며 남부럽지 않은 가정을 꾸렸다. 할머니는 걱정이 많고 쉽게 우울해지는 성격이었다고 한다. 젊은 시절부터 '와 이리 쓸쓸하노'를 입에 달고 살았다. 그래도 듬직한 남편인 할아버지를 의지하며 정성껏 세 아들을 길렀다.

"내 나이가 인제 팔십인데 느그 아부지까지 없으면 내가 무슨 낙으로 살겠노. 내 친구 중에 살아 있는 아는 아무도 없다. 이 정도면 천수를 누린 거다. 그카고 맨날 토하는 이 병, 니는 안 겪어봐서 모른다. 하루 종일 뱅기(변기) 붙들고 토악질을 해봐라. 딱 '죽고 싶다'는 생각밖에 읍따."

할머니도 아팠다. 젊어서부터 메니에르병을 앓았다. 귓속 달팽이관이 부으면서 갑자기 어지럽고 구토가 이어졌다. 처음엔 단순히 체한 것인 줄 알았다. 주기적으로 반복되는 게 이상해 병원에 가보니 치료하기 쉽지 않다고 했다. 건강할 때는 그래도 버틸 만했지만 나이가 드니 병은 마치 달거리처럼 어김없이 찾아왔다. 한번 발병하면 사흘 내내 지속했고 후유증으로 열흘은 누워 있어야 했다.

아들은 호스피스 병동에 들어가자고 권했다. 노부부 모두 고개를 저었다.

"병원에 있는 건 딱 하루도 싫다. 고마 마음 편히 내 집에 있다때 되면 갈 거니까 걱정하지 말그라. 몬 참아가 모르핀 맞아야 하 믄 때가 온 기다."

노부부는 하나둘 작별할 준비를 했다. 가장 좋아하는 옷 한 벌 씩을 꺼내 입고 사진관을 찾았다. 할아버지는 베이지색 남방, 할 머니는 분홍색 재킷을 골랐다. 입체(3D) 사진을 찍어서 자신들의 모습을 20센티미터가량의 작은 인형으로 만들었다. 인형 속 두 사람은 죽음을 결심한 사람답지 않게 환하게 웃고 있었다. 적금 도 해지해 아들들에게 나눠 줬다. 마지막 목욕을 하고 흰 종이에 글을 적었다.

"우리 가족이 즐거웠던 시간을 어떻게 잊을 수 있겠느냐. 너희 뒷바라지도 제대로 못 해준 부모였다. 하지만 그 어떤 부모보다 도 잘해주고 싶다는 꿈을 꾸며 살았다. 너희도 사랑으로 남은 인 생을 꾸려갔으면 좋겠구나."(할아버지)

"너희들, 정말 고마웠다. 이별의 아쉬움 마음속 깊이 간직하고, 편안한 마음으로 하느님과 조상님, 친지들이 있는 세상으로 간다. 너희에게 슬픔만 남겨주고 가는구나. 이런 부모가 돼서 미안하 다."(할머니)

할머니의 생일잔치가 열렸던 그날, 노부부는 이미 마음을 굳혔 다. 고기를 들고 온 아들에게 숯불로 구워 먹고 싶다며 번개탄을 사 오라고 했다. 아들이 자리에서 일어난 건 저녁 8시쯤이었다.

"제가 종종 어머니 곁에서 자거든요. 얼마나 더 사실지 모르니 까 조금이라도 품을 더 느껴보고 싶어서…. 그날도 그러려고 했 는데, 자꾸 집에 가라고 하더라고요."

2016년 6월 부산 금정구에서
한날한시에 숨을 거둔 노부부가 인형
속에서 환하게 웃고 있다. 각각 위암과
우울증으로 시달리던 할아버지와
할머니는 죽음을 결심하고서 꽤 비싼
비용을 치르고 이 인형을 만들었다.
결국 인형은 자식들에게 남긴 마지막
선물이 됐다. 사진 이성원

　노부부가 숨을 거둔 건 아들이 떠나고 2시간쯤 뒤로 추정된다.
지난 2년간 조금씩 모아왔던 수면제를 함께 입에 넣었다. 고기를
굽고 남은 번개탄에 불을 붙였다. 메스꺼운 연기가 시커멓게 방
안을 가득 메웠다. 고통 없이 떠나는 방법으로 번개탄을 선택했
지만, 안타깝게도 그렇지 못한 듯했다. 침대에 몸부림친 흔적이
짙게 남아 있었다.

　자식들에게 부담을 주지 않고 싶었던 노부부의 바람과 달리
아들은 곤욕을 치렀다. 부모의 자살을 방조한 혐의로 기소됐다.
번개탄을 사다 놓은 게 문제가 됐다. 당시 아들은 자신의 집으로
곧장 돌아가지 않고 노부부 집의 옥상으로 올라가 의자에 3시간
반가량 앉아 있었다. 밤 11시 30분쯤 노부부가 잠들었으리라 생
각하고 조용히 함께 자려는 생각으로 내려갔다가 참사의 현장을

발견했다.

검찰은 이게 아들이 노부부의 자살을 예견했던 정황증거라고 판단했다. 아들은 "평소에도 자주 옥상에 있다가 내려갔고, 부모님이 이렇게 돌아가실 줄은 상상도 못 했어요"라고 항변했지만 받아들여지지 않았다. 1심 재판부는 아들의 유죄를 인정하고 징역 1년에 집행유예 2년을 선고했다. 법적 공방에 지친 아들은 항소하지 않고 검찰도 이의를 제기하지 않아 그대로 형이 확정됐다.

모든 일이 마무리된 뒤 아들은 아내와 함께 노부부의 집으로 이사했다. 노부부가 숨을 거둔 방을 침실로 사용한다.

"저한테는 이 집이 슬프면서도 추억이 어린 장소예요. 맨날 이 문을 열면 두 분이 웃는 얼굴로 앉아 계셨는데…. 텅 빈 방을 보고 있으면 제가 꿈을 꾸는 것 같아요. '나한테 아버지와 어머니가 계셨던가' 이런 생각도 들고요."

안락사가 허용됐다면 노부부는 좀 더 편히 떠날 수 있었을까. 우리나라에선 이제 연명의료결정법이 시행되면서 임종이 임박한 환자가 원할 경우 심폐소생술이나 인공호흡기 같은 연명의료를 중단하고 죽음을 맞을 수 있게 됐다. 환자가 의식이 없을 땐 가족의 동의하에 연명의료 중단이 가능하다. 하지만 환자의 죽음을 앞당기기 위해 영양 공급을 중단하는 소극적 안락사나 치명적인 약을 주입하는 적극적 안락사는 여전히 허용되지 않는다. 노부부가 세상을 떠난 2016년엔 연명의료결정법도 시행되지 않던 때여서 결국 그들은 극단적인 방법을 선택했다.

아들은 우리 사회가 안락사에 대해 심도 있게 논의해야 할 때
라고 했다.

"제가 (부모의 죽음을 바랐던) 패륜아처럼 보입니까? 제 심정은
당사자가 아니면 절대로 알 수 없습니다. 그때는 '더 사셔야 한다'
고 말하는 것 자체가 두 분께 또 다른 괴로움을 주는 거였어요.
'죽을 때까지 고통을 더 참으라'는 말과 같은 거니까. 죽음을 보는
사회 인식도 이제 많이 바뀌었잖아요. 공포나 두려움, 소멸, 이런
게 아니라 새로운 시작으로 보기도 하잖아요. 저는 몹쓸 병에 걸
린다면 주저 없이 아버지와 같은 길을 선택할 겁니다. 본인의 죽
음을 과연 본인이 선택할 수 있는지를 두고 공론의 장이 열렸으
면 합니다."

국민 81퍼센트 '안락사 도입 찬성'

성인 1000명 여론조사

국민 10명 중 8명은 안락사 허용을 찬성했다. 진통제로도 병의 고통을 막을 수 없을 때가 안락사를 선택할 시기라고 했다. '죽을 권리'를 논하는 데 인색한 우리나라에서 안락사가 필요하다는 응답이 80퍼센트가 넘은 것은 처음이다.

서울신문과 비영리 공공조사 네트워크 '공공의창'이 2019년 리서치 기관 조원씨앤아이에 의뢰해 전국 성인 남녀 1000명을 대상으로 여론조사[18]를 한 결과, 80.7퍼센트가 우리나라에서도 안락사를 허용해야 한다고 답했다. 우리나라는 현재 임종이 임박한 환자가 본인 또는 가족의 동의로 인공호흡기 같은 연명의료를 중단하는 것만 가능하다. 환자의 죽음을 인위적으로 앞당기고자 영양분 공급 등을 중단(소극적)하거나 의사가 직접 치명적 약물을

---

[18] 이번 조사는 2019년 2월 13과 14일 유무선 혼용 자동응답시스템(ARS)을 통해 진행됐다. 95 퍼센트 신뢰 수준에 표본 오차는 ±3.1퍼센트포인트다.

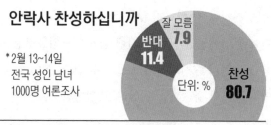

〈자료: 서울신문, 공공의 창, 조원씨앤아이〉

주입(적극적)하는 안락사는 허용되지 않는다.

여론조사의 자문을 맡은 황규성(전 을지대 장례지도학과 교수) 한국엠바밍 대표는 "안락사 허용을 찬성하는 비율이 80퍼센트까지 늘어난 건 사회 변화에 따른 독거 가구 증가와도 연관이 있다. 아무도 없는 곳에서 갑자기 쓸쓸한 죽음을 맞는 것보다 스스로 임종의 순간을 선택하고 싶은 게 현대인이다"고 말했다.

안락사 허용을 찬성하는 이유로는 '죽음 선택도 인간의 권리'(52.0퍼센트)라는 응답이 가장 많았다. 특히 20대(67.3퍼센트)와 30대(60.2퍼센트)에서 이런 생각이 많았다. 젊은 세대는 안락사를 선택 가능한 또 다른 죽음의 형태로 받아들이고 있었다. 이 밖에 '병으로 인한 고통을 줄일 수 있기 때문'(34.9퍼센트)도 안락사를 찬성하는 주된 이유로 꼽혔다.

안락사를 허용할 환자의 상태로는 '진통제로 고통을 막을 수 없을 때'(48.5퍼센트), '식물인간 상태'(22.4퍼센트), '의사에게 시한부 판정을 받았을 때'(12.2퍼센트), '스스로 거동이 불가능할 때'(11.0퍼센트) 등의 순이었다.

윤영호 서울대 의대 교수는 "기대 여명이 늘어났는데도 억지로 삶을 연장하는 걸 원하지 않는 상황인 만큼 사회적 해법을 논의할 단계에 접어들었다. 지금 시행 중인 연명의료결정법이 존엄한 죽음을 돕는다는 신뢰가 구축될 경우 한 걸음 더 나아가 안락사 도입도 충분히 생각해볼 수 있다"고 말했다.

자신이나 가족이 불치병이면, 90퍼센트 '안락사 의향'

국민 80퍼센트가 안락사 허용을 찬성한다고 손을 든 건 그만큼 지금의 한국에선 존엄한 죽음을 맞기 어렵다는 방증이기도 하다. 생명 유지 장치를 주렁주렁 매달고 고통을 견디며 삶을 연장하기보다는 짧지만 평온한 죽음을 맞는 게 오히려 바람직하다는 목소리가 컸다. 안락사 허용을 찬성한다는 응답을 세부적으로 보면 남성(88.1퍼센트)이 여성(73.3퍼센트)보다 더 적극적이었다. 연령별로는 20대(91.5퍼센트)와 50대(83.8퍼센트), 60대 이상(79.9퍼센트)에서 많은 응답이 나왔다. 종교별로는 불교(84.3퍼센트) 신자 쪽에서 가장 많은 찬성이 나왔고, 천주교(75.1퍼센트)와 기독교(71.6퍼센트) 신자 쪽도 절반을 훌쩍 넘겼다. 인간 생명을 절대적 가치로 존중하는 천주교와 기독교는 안락사에 대해 부정적이다. 그럼에도 찬성이 많은 건 평온한 죽음에 대한 바람이 종교적 신념을 뛰어넘는다는 걸 보여준다.

단순히 안락사 허용을 찬성하는 데 그치지 않고 자신이나 가족이 불치병에 걸렸을 경우 실제로 안락사를 택할 의향이 있다는 응답도 압도적이었다. 73.2퍼센트는 자신과 가족 모두 안락사를 택하겠다고 했다. 자신은 안락사를 하되 가족에게는 시행하지 않겠다는 응답은 13.6퍼센트였다. 자신은 안락사를 할 생각이 없고 가족에게만 시행하겠다(3.4퍼센트)는 응답까지 합치면 90.2퍼센트가 자신 또는 가족의 안락사를 허용하겠다는 뜻을 밝혔다.

'한국인의 죽음'은 그다지 평온하지 않다. 그런 현실은 이번 여론조사에서도 나타났다. '한국이 죽음을 엄숙하고 존엄하게 맞을 여건을 갖춘 사회인가'라는 질문에 부정(67.0퍼센트)이 긍정(20.9퍼센트)보다 세 배 이상 많았다. 치료비와 간병 부담이 너무 크고(32.6퍼센트), 임종 직전까지 극심한 고통(23.7퍼센트)에 시달리기 때문이라고 했다. 이는 우리나라가 모르핀 같은 마약성 진통제를 처방하는 정도에서 세계 최저 수준인 것과 연관돼 있다. 만성 통증 환자는 비非마약성 진통제로는 한계가 있어 마약성 진통제를 쓸 필요가 있다. 하지만 환자는 마약이라는 어감 탓에 중독성이 있을 것이라는 잘못된 편견을 갖고 있고, 의료진도 책임지는 걸 우려해 처방을 꺼리는 경우가 많다.

'한국인의 죽음' 하면 연상이 되는 단어를 골라달라는 질문에선 죽음을 바라보는 다양한 감정이 엿보였다. 고독(67.6퍼센트)과 유대(32.4퍼센트), 불안(63.4퍼센트)과 평안(36.6퍼센트), 종결(63.3퍼센트)과 연속(36.7퍼센트)이라는 분포에서 보듯이 부정적인 어휘 선택이 대다수였다. 특히 20대 젊은 층과 미혼·이혼자처럼 배우자가 없는 경우 부정적인 어휘를 선택하는 비율이 높았다. 황규성 한국엠바밍 대표는 "죽음이라는 단어가 주는 불안은 인간 본성에 내재돼 있는 것으로 볼 수 있지만, 고독이라는 단어를 많이 선택한 건 현대 사회가 주는 단절감이 반영된 것"이라고 설명했다.

그래도 죽음에 대한 수용(71.6퍼센트)이 거부(28.4퍼센트)보다 세 배 가까이 많은 게 눈에 띈다. 죽음이 두렵고 무섭기는 하지만 피할 수 없는 만큼 당당히 맞이하겠다는 생각이다. '보살핌'(71.4퍼센트)도 '방치'(28.6퍼센트)보다 많은 선택을 받았다. 물질만능주의와 핵가족화가 만연한 현실에도 가족애가 뿌리 깊이 남아 있는 것으로 풀이된다. 품위 있는 죽음을 위한 요건으로는 '가족 등 주변에 부담 주지 않고'(48.4퍼센트), '임종 순간을 스스로 결정하며'(18.7퍼센트), '고통을 느끼지 않는 게'(18.4퍼센트) 등이 꼽혔다.

소수이기는 하지만 안락사 허용을 반대(11.4퍼센트)하는 목소리도 존재했다. 이들은 '경제적 이유로 안락사에 내몰리거나 범죄에 악용될 수 있다'(41.6퍼센트)고 우려했다. '생명 경시 풍조가 만연'(31.1퍼센트)하고, '환자의 회복 가능성을 원천적으로 차단'(15.4퍼센트)한다는 지적도 있었다.

여론조사를 수행한 조원씨앤아이의 김대진 대표는 "과거에는 존엄사와 안락사가 살인이나 자살과 같은 개념으로 인식됐지만, 이번에 조사를 해보니 국민들의 생각이 변했다는 게 나타났다. 젊은 층은 삶과 죽음을 스스로 결정할 수 있다는 주체적 시각, 노년층은 가족에게 부담을 주지 않고 싶다는 이유로 선택적 죽음을 받아들이려는 경향이 보인다"고 말했다.

환자 59퍼센트 '적극적 안락사 찬성' vs 법조계 78퍼센트, 의료계 60퍼센트 '허용 반대'

안락사 이슈와 밀접히 맞닿아 있는 환자와 의료인, 법조인은 각각 소극적 수준의 허용은 찬성해야 한다는 데 의견이 모인다. 회생 가능성이 없는 사람의 생명을 억지로 연장시키기보다는 편안한 영면을 유도하자는 것이다. 그러나 치명적인 약물을 직접 주입하는 적극적 안락사에 대해선 환자 측은 찬성하고, 의료계와 법조계는 반대하는 것으로 의견이 갈려 팽팽히 맞섰다.

서울신문은 2019년 2월 한국환자단체연합회와 대한전공의협의회, 사법연수원에 의뢰해 안락사 인식에 대한 설문 조사를 했다. 암이나 각종 난치병에 걸린 환자 또는 그의 가족(이하 환자) 544명, 전국 병원에서 수료 중인 전공의(레지던트·인턴) 183명, 사법시험 합격자인 사법연수원생 64명 등 총 791명이 응했다.

안락사를 법적으로 허용하는 것에 대해 찬반을 물은 결과 88.5퍼센트가 소극적 안락사에 대해 찬성표를 던졌다. 사법연수원생(95.3퍼센트) 측이 가장 높은 비율을 보였고, 전공의(88.6퍼센트)와 환자(87.7퍼센트) 측에서도 압도적으로 찬성이 많았다. '소극적 안락사 허용이 윤리적으로 정당하다고 생각하는가'라는 질문에도 75.4퍼센트가 그렇다고 답했다. 사법연수원생(87.3퍼센트)과 환자(74.3퍼센트), 전공의(73.9퍼센트) 측 모두 절반을 넘었다.

안락사는 사람의 죽음을 '인위적'으로 앞당긴다는 점에서 현재의 연명의료결정법에서 정한 존엄사보다 한 걸음 더 나아간 개념이다. 이번 조사에서 환자와 전공의, 사법연수원생 대부분이 자신

또는 가족에게 안락사를 실제로 시행할 뜻이 있음을 밝혔다. 자신이 회생 불가능한 불치병으로 고통받는다면 안락사를 선택하겠다는 응답은 무려 91.1퍼센트에 달했다.

서이종 서울대 사회학과 교수는 이에 대해 함께 고려할 점을 제시했다. "소극적 안락사는 목숨을 끊는다기보다는 인생에서 무의미한 시간을 줄인다는 인식이 강해 찬성 여론도 높은 편이다. 다만 안락사를 논할 때는 치료비나 가족의 간병 부담을 고려해 환자가 원치 않는 죽음을 선택하는 걸 예방하는 장치도 함께 논의해야 한다."

하지만 적극적 안락사에 대해선 찬반이 엇갈렸다. 환자(58.7퍼센트) 측은 과반이 적극적 안락사를 법적으로 허용하는 데 찬성했다. '고통을 덜 수 있고'(56.9퍼센트), '죽음 선택도 인간의 권리이며'(20.8퍼센트), '회생 불가능한 병에 대한 치료는 무의미하다'(14.9퍼센트)는 생각에서다. 반면 사법연수원생(78.1퍼센트)과 전공의(60.2퍼센트) 측에선 반대 목소리가 컸다. 적극적 안락사를 도입하면 '생명 경시 풍조가 만연하고'(사법연수원생 56.0퍼센트, 전공의 53.3퍼센트), '환자가 경제적 부담 등으로 강요된 죽음을 선택할 것'(사법연수원생 24.0퍼센트, 전공의 17.4퍼센트)이라는 걱정이 많았다.

윤영호 교수는 이런 차이를 이렇게 바라봤다. "환자는 당사자의 시각에서 안락사를 바라보지만, 의료인과 법조인은 법의 테두리 안에서 제3자의 관점을 갖기 때문에 생각의 차이가 있을 수밖에 없다. 현재 시행 중인 존엄사가 인간의 품위 있는 죽음에 역할

안락사 인식 현황 (단위: %) ※2월 13~14일 전국 성인 남녀 1000명 여론조사 (95% 신뢰수준 표본오차 ±3.1%P)

안락사
찬성 이유

죽음도 인간의 권리	52.0
고통 감면	34.9
가족 부담 경감	6.9
자살 예방	5.3

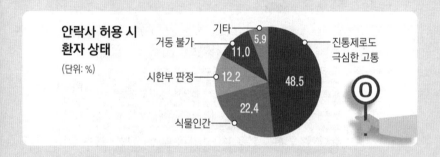

**안락사 허용 시
환자 상태**
(단위: %)

기타 5.9
거동 불가 11.0
시한부 판정 12.2
식물인간 22.4
진통제로도 극심한 고통 48.5

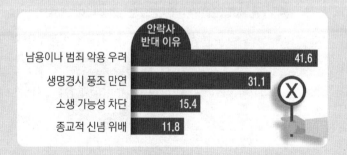

안락사
반대 이유

남용이나 범죄 악용 우려	41.6
생명경시 풍조 만연	31.1
소생 가능성 차단	15.4
종교적 신념 위배	11.8

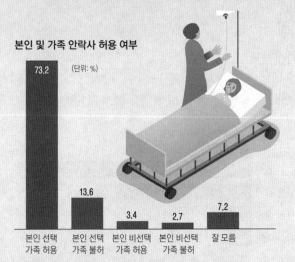

본인 및 가족 안락사 허용 여부

(단위: %)

- 본인 선택 가족 허용: 73.2
- 본인 선택 가족 불허: 13.6
- 본인 비선택 가족 허용: 3.4
- 본인 비선택 가족 불허: 2.7
- 잘 모름: 7.2

'한국인의 죽음'과 연상되는 단어

(단위: %)

부정 😞   긍정 😊

부정	긍정
불안 63.4	평안 36.6
고독 67.6	유대 32.4
비참 36.0	존엄 64.0
종결 63.3	연속 36.7
거부 28.4	수용 71.6
방치 28.6	보살핌 71.4
후회 51.0	만족 49.0

한국은 존엄한 죽음을 맞을 수 있는 사회인가?

(단위: %)

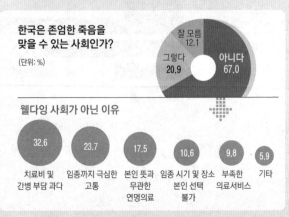

- 잘 모름: 12.1
- 그렇다: 20.9
- 아니다: 67.0

웰다잉 사회가 아닌 이유

- 32.6 치료비 및 간병 부담 과다
- 23.7 임종까지 극심한 고통
- 17.5 본인 뜻과 무관한 연명의료
- 10.6 임종 시기 및 장소 본인 선택 불가
- 9.8 부족한 의료서비스
- 5.9 기타

〈자료: 서울신문, 공공의창, 조원씨앤아이〉

소극적·적극적 안락사 법적 허용에 대한 생각

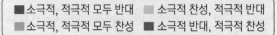

- ■ 소극적, 적극적 모두 반대 ■ 소극적 찬성, 적극적 반대
- ■ 소극적, 적극적 모두 찬성 ■ 소극적 반대, 적극적 찬성

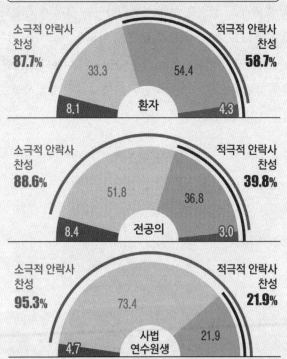

소극적 안락사
찬성
87.7%
33.3   54.4
환자
8.1   4.3
적극적 안락사
찬성
58.7%

소극적 안락사
찬성
88.6%
51.8   36.8
전공의
8.4   3.0
적극적 안락사
찬성
39.8%

소극적 안락사
찬성
95.3%
73.4
사법
연수원생
4.7   21.9
적극적 안락사
찬성
21.9%

〈자료: 서울신문, 한국환자단체연합회, 대한전공의협의회, 사법연수원〉

을 했다는 공통적인 평가가 내려진 뒤에야 다음 단계인 안락사 논의로 나아갈 수 있을 것이다."

2021년 3월 서울대병원 가정의학과 윤영호 교수팀이 19세 이상 국민 1000명을 대상으로 안락사 및 의사 조력자살의 입법화에 대한 태도를 조사한 결과에서도 찬성 비율이 76.3퍼센트로 나타났다. 찬성 이유로는 '남은 삶이 무의미하다는 생각'과 존엄한 죽음에 대한 권리, 고통 경감 등이 꼽혔다. 이처럼 계속되는 여론조사에서 일관되게 80퍼센트에 가까운 찬성률이 나온다는 것은 표본 오차를 고려하더라도 많은 국민이 안락사 허용에 찬성하고 있다는 의미로 볼 수 있다.

"죽음? 두렵지요. 하지만 '끝'은 선택하고 싶어요"

암 환자 3인의 삶과 죽음

인간은 자신의 삶을 선택할 권리를 가진다. 하지만 죽음까지 선택할 권리가 있는지는 의견이 분분하다. 연명의료결정법을 시행하는 데만 20년간 논쟁이 벌어졌다. 존엄사보다 한 걸음 더 나아간 안락사를 우린 어떻게 바라보고 있을까. 죽음을 받아들일 준비를 하는 암 환자 3명에게서 이야기를 들어봤다.

모두에게 죽음은 두렵다. 인간은 죽음이 피할 수 없는 것이란 걸 깨닫고 두려움을 극복할 방법을 찾았다. 종교가 생기고 철학이 발달한 건 그 때문이다. 의료 기술 발달로 수명이 늘어나자 또 다른 두려움이 생겼다. 병상에 누워 주렁주렁 의료기기를 달고, 고통과 고독 속에서 죽음을 맞아야 하는 공포다. 억지로라도 생명을 늘리려다 보니 존엄하지 않은 마지막 삶을 강요받는 대가를 치르는 것이다. 우리는 죽음을 받아들일 준비를 하고 있는 암 환자 3명을 만났다. 죽음을 앞둔 상태에서 무엇이 가장 고통스럽고 두려운지를 물었다. 이들은 죽음 자체에 대한 두려움보다는 죽음에 이르는 과정에 대한 공포가 더 컸다. 그간 삶에서 숱한 선택을 스스로 해왔듯이 죽음도 선택할 권리가 있는 게 아닌지 되물었다.

간암 투병 중인 74세 황정숙 씨

2007년의 일이었다. 부엌에서 갈비탕을 끓이던 황정숙 씨는 갑자기 하혈을 하며 쓰러졌다. 동네 병원에선 "암인 것 같은데, 좀 애매하다고"만 했다. 대학병원에서 대장 기스트(GIST, 희귀 암의 일종)라는 걸 알게 됐다. 영정 사진을 찍어놓고 마음의 준비를 했다. 다행히 수술이 잘돼서 건강을 회복하는 듯했다.

하지만 2015년 다시 청천벽력 같은 진단을 받았다. 암세포가 간으로 전이됐다. 간을 3분의 1이나 잘라냈다. 또 암세포가 번질지 모르니 항암제를 먹어야 한다고 했다. 항암제를 먹던 8개월 동안 황씨는 죽는 게 낫다고 표현할 수밖에 없는 고통에 시달렸다. 머리카락이 빠지고 얼굴이 퉁퉁 부었다. 손바닥은 갈라져 피가 났다. 하는 수 없이 장갑을 끼고 살았다. 급기야는 발바닥까지 망가져 걸을 수가 없었다.

"설설 기어 다녔어요. 사는 게 아니었죠. 그런데 다른 환자가 같은 약을 먹은 뒤에도 병이 심해져 결국 죽는 것을 보고 그때 결심했죠. '먹지 말자.' 독한 약에 시달리며 지옥 같은 삶을 살아서

간암을 앓고 있는데도 항암제 투약을 포기한 황정숙 씨는 자신의 죽음을 스스로 관리하고 싶다고 했다. '끝'도 삶의 일부라는 생각으로 죽음을 준비하는 게 더 의미 있다고 했다.

뭐 해요."

황씨가 항암제를 끊은 지 벌써 4년이 됐다. 다행히 일상생활을 하는 데는 지장이 없다. 가끔 배가 아프기는 하다. 그래도 가족들에게 말하지 않는다. 병원에 가라는 말을 듣는 게 싫기 때문이다. 황씨는 병이 심해지거나 다른 장기로 전이되더라도 항암제는 절대 먹지 않겠다고 했다. 진통제로 버틸 수 있는 데까지 버티다 삶을 마칠 생각이다.

"물론 저도 죽음이 두려워요. 하지만 죽음에 대한 생각이 조금씩 바뀌고 있습니다. '끝'도 결국 제 삶의 일부예요. 가족들과 즐겁게 살았던 때를 생각하며, 내가 갈 때를 알고 준비도 하면서, 잘못한 일 있으면 회개도 하고…. 그렇게 죽음을 맞이하는 게 약으로 연명하는 것보다 더 의미 있다고 생각해요."

황씨는 얼마 전 14년간 키우던 개를 안락사시켰다. 자식같이 키우던 개라 끝까지 돌보려 했지만 수의사가 안락사를 권했다. 수의사는 "개가 말기 암 환자보다 고통이 심할 것이다. 안락사시키는 게 개를 위하는 길"이라고 했다. 황씨는 결국 평평 울며 승낙했다. "저도 주사를 맞고 자는 것처럼 편하게 가고 싶어요. 개도 안락사를 할 수 있는데 사람은 그럴 수 없는 현실이 참 아이러니해요."

황씨는 처음엔 가명 인터뷰를 원했다. 하지만 실명으로 이야기하는 게 좀 더 진심을 전할 수 있다고 하자 흔쾌히 응했다.

"꼭 가족 품에서 임종을 맞고 싶은 건 아닙니다. 혼자 있는 곳에서 가도 상관없어요. 다만 제 죽음만큼은 제가 관리하고 싶어요. 병원에서 (안락사를) 끝내 허용하지 않으면 스스로라도…. 나라가 제 삶의 질을 책임질 게 아니라면 마감을 선택할 권리라도 줘야 하는 거 아닌가요."

25년째 암과 싸우고 있는 67세 정판배 씨

"젊을 때는 죽음에 대해 생각을 해본 적이 없는데 눈앞에 닥치니 너무 두렵고 캄캄하더라고요. 몇 번이나 죽음의 문턱에 서본 뒤엔 죽음을 미리 준비하게 됐어요. 다음엔 좀 더 의연히 받아들일 겁니다. 임종기의 고통이 심한 환자에게는 안락사도 필요하다고 봐요."

서울 서초구의 한 빌딩 관리사무소에서 만난 정판배 씨는 지난 25년간 암과의 전쟁을 치러왔다. 1994년 마흔한 살에 위암 3기 판정을 받았다.

"상상도 못 했죠. 다들 죽는다고 했어요. 초등학교 입학을 앞둔 아들을 생각하면 세상이 무너지는 것 같더라고요."

당시 정씨는 육군 중령으로 복무하고 있었다. 정기 건강검진에서 암 덩어리를 발견했다. 당시 위암은 국내 암 사망률 1위에 해당하는 무서운 병이었다. 위 전체를 절제해 식도와 소장을 연결하는 대수술을 받았다. 하지만 암은 이후에도 정씨 곁을 맴돌았다. 수술 5년 뒤엔 만성 골수성 백혈병이, 그 뒤엔 대장암이 생겼다.

"수시로 팔다리에 마비와 경련이 와요. 마비가 오면 커피포트에 물을 끓여서 손을 집어넣어요. 그래야만 풀리거든요."

정씨의 얼굴은 지나치게 창백하고 늘 부어 있다. 손에는 붕대가 감겨 있었다. 피부와 뼈는 유리처럼 약해졌다. 뭔가와 스치기만 해도 상처가 나고 다친다. 언제 경련이 올지 몰라 응급처치를 위해 뿌리는 파스를 두 통씩 들고 다닌다. 10년 넘게 백혈병 치료제를 복용하면서 생긴 부작용이다. 수술 후유증도 심각하다. 시시때때로 음식물과 담즙이 식도까지 올라오는 통에 정씨의 목은 항상 헐어 있다. 수술 후엔 한 번도 반듯이 누워본 적이 없다.

"또다시 병이 찾아오면 치료를 하지 않고 편안한 임종을 맞을 겁니다. 항암 치료의 부작용과 고통 속에서 사는 날을 하루하루 연장하는 건 이제 제게 무의미해요. 어머니를 보내드리며 결심을 굳히게 됐어요."

위암으로 위 전체를 절제하고 백혈병까지 앓고 있는 정판배 씨는 병이 심해지더라도
무의미한 연명의료를 받지 않겠다고 했다. 정씨가 일하는 서울 서초구 한 빌딩 관리사무소에서
그가 생각하는 죽음에 대해 들어봤다. 사진 이혜리

2018년 어머니의 죽음은 정씨가 존엄한 죽음을 결심하는 큰
계기가 됐다. 당시 94세이던 어머니는 노환으로 신체 기능이 떨
어지고 면역력이 약해지면서 피부가 괴사했다. 다리가 썩어들
었지만 노모는 고통조차 제 입으로 표현하지 못했다. 매일 소리
없는 비명을 지르던 노모는 결국 고통 속에서 패혈증으로 사망
했다.

병원에선 정씨에게 담즙 역류를 완화하는 수술을 제안했지만
거절했다. 그만 발버둥 치고 싶다는 생각에서다. "결국 죽는 건 개
인의 주관대로 충분히 생각하고 결정하는 게 바람직하다고 봐요.
너무 고통스럽지 않게, 그저 가족들이 지켜보는 가운데 그저 편
안히 눈을 감는 게 제가 꿈꾸는 마지막 소원입니다."

기스트 고위험 앓는 41세 이지연 씨

"일상이 갈등의 연속이에요. 다시 병이 안 나려면 적당히 해야 하는데, 몸이 조금씩 좋아지니까 더 일하게 되고…. 열심히 하다 보면 또 이러다 병나겠네, 하면서 조심하게 되고…. 아프지 않으면 하지 않았을 고민들을 항상 하게 돼요."

기스트 고위험 환자인 이지연 씨는 "병이 언제 재발할지 모르기에 늘 죽음에 대해 생각한다. 그게 건강한 사람과 병이 있는 사람의 차이"라며 입을 뗐다. 서울에서 직장 생활을 하던 이씨는 매일 아침 6시에 나와 운동하고 출근할 정도로 부지런했고, 주말에는 승마, 골프, 보드 등 취미 생활을 하느라 쉴 틈이 없었다. 젊고 건강하다고 생각했지만 병은 예상치 못한 순간에 찾아왔다. 2015년 초 갑작스레 쓰러져 실려 간 병원에서 기스트 진단을 받았다. 위에 생긴 종양이 간으로 전이된 상태였다. 1년간 약물 치료를 한 뒤 이듬해 위 전체와 간 일부를 절제하는 수술을 받았다. 죽음을 떠올리게 하는 극심한 고통은 정작 수술을 받은 뒤에 시작됐다. 1년 내내 구토와 설사가 반복됐다. 어지러워서 움직일 수도 음식을 먹을 수도 없었다.

"너무너무 아프니까 병원에 왜 창문이 없는지 알겠더라고요. 차라리 죽는 게 낫다는 말이 무슨 뜻인지 이해됐어요. 지켜보는 부모님이 안 계셨더라면 버티지 못했을 거예요."

1년여에 걸친 재활 끝에 건강을 다소 회복했지만 삶에 대한 생각은 크게 바뀌었다. 이씨는 "다음에 또 병이 재발하면 그땐 수술 대신 안락사를 선택할 것"이라고 했다. 미혼인 이씨가 걱정하는 건 단순히 돌봄이나 경제적 차원의 문제는 아니다.

"언젠가 가족이 없는 상태에서 제 의지가 아닌 다른 사람들의 뜻에 따라 떠돌아다니고 싶지 않아요. 정신이 있을 때 제가 제 삶을 결정할 수 있다는 점에서 안락사에 동의합니다."

그는 안락사를 반대하는 사람들에 대해 "고통 자체가 남과 비교할 수 없는 것인데, 사회가 내 고통의 경중을 따지거나 판단한다는 것에 좀 화가 납니다"고 덧붙였다. 이씨는 '스위스행'도 생각 중이라고 했다. 그는 같은 병을 앓는 지인에게 '스위스에선 외국인 안락사가 가능하다'는 얘기를 듣고 외려 희망이 생겼다고 했다.

"제가 선택할 수 있는 길이 여러 가지가 있으면 좋겠어요. 여기 있으면 그냥 고통스럽게 죽는 것밖에는 아무것도 할 수가 없잖아요. 하지만 언제든 제가 택할 수 있는 선택지가 있다는 사실은 지금을 더 열심히 살 수 있는 동기가 됩니다."

죽음의 장소도 중요하다

76퍼센트가 병원 객사, 병원에서 죽음 맞는 한국인

한국인 10명 중 9명이 객사한다. 악담이 아니다. 현실이다.
35만 2700명. 2023년 사망한 한국인의 수다. 그중 집에서 임종
을 맞이한 이들은 5만 4600명(15.5퍼센트)에 그쳤다. 언제부턴가
우리나라에선 병원에서 임종을 맞이하는 게 자연스러운 현상처
럼 됐다. 실제로 병원에서 숨을 거둔 이들은 같은 해 26만 5900명
(75.4퍼센트)이었다.

의료 기술의 발달로 인해 갑작스레 죽음을 맞는 사람은 줄어들
었다. 임종기 환자에겐 일종의 인저리 타임이 생겼지만 늘어난 시
간의 질까지는 높이지 못했다. 최악의 경우 임종 직전까지 치료에
만 매달리다가 가족과 마무리할 시간도 없이 죽음을 맞이하는 경
우가 늘고 있다. 임종기가 길어지면서 고통을 견뎌야 하는 시간도
늘었다.

연명의료결정법이 시행된 이후 무의미한 연명의료는 조금씩 줄어들고 있다지만, 말기 환자 5만 명가량은 여전히 중환자실에서 인공호흡기에 의지하다가 삶을 마감한다. 더 나은 죽음을 준비하기보다는 죽는 순간까지 죽음을 치료하겠다고 매달리기만 하는 나라, 대한민국의 자화상이다.

병원에서 죽음을 맞는 한국인, 이른바 병원 객사자의 수는 사망 장소 통계를 낸 1990년대 초반 이후 지속적으로 증가하고 있다. 이런 현상은 과연 자연스러운 걸까. 2002년까지만 해도 병원 객사(43.4퍼센트)보다 재택 임종(45.4퍼센트)이 더 많았다. 그러나 다음 해 역전된 이후 간격은 계속 벌어지고 있다. 재택 사망자 비율은 2004년 38.8퍼센트에서 2017년 14.4퍼센트로 줄었고, 병원 사망자 비율은 46.6퍼센트에서 같은 기간 76.2퍼센트까지 상승했다. 특히 암 환자가 병원에서 사망하는 비율은 압도적이다. 2017년 병원에서 사망한 암 환자 비율은 92.0퍼센트, 자택은 6.3퍼센트였다.

죽음이 임박한 환자는 거동이 불편하고 누군가 수발을 들어야 하기에 집에서 돌보기가 부담스럽다. 가족 수가 적고 맞벌이하는 가정에선 더더욱 그렇다. 환자들도 가족에게 부담을 주고 싶지 않아 집을 떠나 병원으로 간다. 문제는 병원에 오는 순간 죽음은 치료의 대상이 된다는 점이다. 더는 치료할 수 없는 상태인데도 의사들은 환자를 포기할 수 없다. 의대에서 포기하는 방법을 배운 적도 없고, 치료를 포기하는 건 의무를 저버리는 일이라고 생각하기 때문이다.

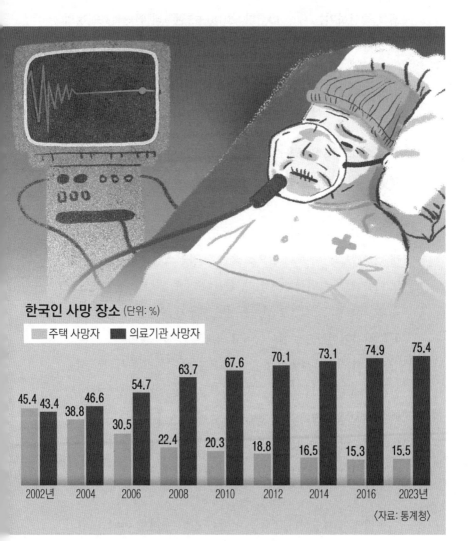

한국인 사망 장소 (단위: %)

주택 사망자 / 의료기관 사망자

연도	주택 사망자	의료기관 사망자
2002년	45.4	43.4
2004	38.8	46.6
2006	30.5	54.7
2008	22.4	63.7
2010	20.3	67.6
2012	18.8	70.1
2014	16.5	73.1
2016	15.3	74.9
2023년	15.5	75.4

〈자료: 통계청〉

상황이 이렇다 보니 의학적으로는 무의미하더라도 치료 자체를 중단하기는 매우 어렵다. 2018년 2월부터 연명의료결정법이 시행되면서 1년간 3만 6000명이 무의미한 연명의료를 중단했다. 그러나 한 해에 만성질환으로 23만 명가량이 사망한다는 점을 고려하면 여전히 10명 중 9명은 죽음을 치료하다가 굴복하는 셈이다.

호스피스 및 의료윤리 분야의 권위자인 허대석 서울대 혈액종양내과 교수는 한국 의료계의 죽음에 대한 인식을 이렇게 짚었다. "병원 객사는 부정적인 면도 크다. 우리 사회는 고도의 경제성장을 겪으면서 'Yes, you can!(그래, 할 수 있어)'이라는 문화가 지배하게 됐는데, 그러다 보니 암으로 죽는 걸 자연스럽게 받아들이지 않고 이를 실패로 인식하고 있다. 환자나 가족, 의사도 열심히 노력을 안 해서 죽는 것으로 받아들이면 모두가 불행할 수밖에 없다. 죽음을 자연현상으로 받아들이고 의료 집착에서 벗어나야 한다."

고윤석 서울아산병원 호흡기내과 교수는 "우리는 사실상 식물인간 상태 수준의 뇌질환이나 패혈성 쇼크로 인한 심정지가 발생했을 때 인공호흡기나 항생제로 치료를 하겠다는 비율이 76퍼센트에 이른다. 유교권의 다른 국가들이 7퍼센트에 머물러 있는 것과 비교하면 매우 높은 수준이다"고 말했다.

병원에서 사망한다고 통증 조절이 잘되는 것도 아니다. 말기 환자들이 죽음보다 더 두려워하는 것이 통증이다. 하지만 여전히 우리나라는 마약성 진통제를 사용하는 데 극히 보수적이다. 통증 정책연구그룹(Pain & Policy Studies Group)이 발표한 2017년 국가별 마약성 진통제 소비량을 보면 우리나라의 일인당 마약성 진통제 소비량은 연간 55밀리그램이다. 경제협력기구 국가들의 평균인 258밀리그램과 미국의 678밀리그램과는 비교 자체가 안 되는 수준이다.

윤영호 교수도 이런 현실을 안타까워했다. "지속적인 통증은 삶을 붕괴시킨다. 이 상태가 지속하면 삶의 의미를 잃어버리게 된다. 그럼에도 환자와 가족은 통증 관리에 필수적인 마약성 진통제의 사용에 대해서는 주저한다. 의료진도 환자에 대한 통증 평가나 마약성 진통제에 대한 지식이 부족해 마약 중독과 부작용이 생길 것을 우려한 끝에 부정적 태도를 보인다."

말기 환자들이 스스로 목숨을 끊는 경우도 부지기수다. 견딜 수 없는 고통이 턱밑까지 차오르는데 나을 수 있다는 희망마저 꺾이면서 극단적 선택을 하는 것이다. 보건복지부가 펴낸 〈2023년 자살예방백서〉에 따르면 2021년 국내 자살자 수는 1만 3352명이었다. 하루 36명꼴이다. 그 가운데 '육체적 질병' 문제로 스스로 목숨을 끊은 경우가 정신 질환 문제와 경제생활 문제에 이어 자살 동기 중 세 번째에 해당한다. 특히 고령일수록 육체적 질병 문제로 스스로 목숨을 끊는 이들의 비율이 높았다. 10~30세에선 정신적·정신과적 문제, 31~60세에선 경제생활 문제, 61세 이상에선 육체적 질병 문제가 가장 높았다.

또 중앙자살예방센터가 2017년 응급실에 실려 온 자살 시도자를 분석한 결과에 따르면 육체적 질병으로 고통받고 있다는 답이 절반가량이나 됐다. 응답자 9451명 중 신체적으로 건강하다고 답한 이들은 58퍼센트(5486명)였다. '일상생활에 지장을 초래하는 만성질환 또는 지속되는 장애'는 26.4퍼센트(2498명), '일상생활에 지장이 별로 없는 만성질환 또는 지속되는 장애'가 13.6퍼센트(1282명), '최근 급성 질환' 2퍼센트(185명)였다.

더 큰 문제는 우리 사회에서 존엄한 죽음에 대한 진지한 논의도, 사회적 합의도 없다는 점이다. 한때 웰다잉 열풍이 불었지만 사회적 합의나 국가 정책으로 나아가지 못했다. 대부분의 한국인은 지금도 당장 먹고살기에 바빠 죽음에 대한 생각을 하지 못하고, 말기 환자가 되면 병원에서 치료에 매달리다가 사망한다. 이 과정에서 가족과 지인들에게 작별 인사를 할 여유는 당연히 없다.

윤영호 교수는 이렇게 우리 사회를 진단했다. "치료가 불가능한 질병으로 고통받는 환자를 포기하는 게 아니라 돌보는 것으로, 죽음은 개인과 가족의 문제가 아니라 국가와 사회가 책임지는 것으로 패러다임의 전환이 이뤄져야 한다. 연명의료 중단 제도가 시행된 지 수년이 지났지만, 우리 사회에서 달라진 건 아무것도 없다. 이를 위해 정부의 예산과 인력이 얼마나 투입됐는지 의문이 든다."

'죽음의 질 지수' 1위 영국은 정부 주도로 '생애말 돌봄 전략'

영국은 비교적 죽음을 맞기 좋은 나라로 꼽힌다. 영국의 시사 주간지 이코노미스트의 산하 연구소 '인텔리전스 유닛(EIU)'은

60대 이상의 자살 동기 (단위: %)

46.0 육체적 질병

33.6 정신과적 질병

8.7 경제 생활

7.5 가정 문제

1.4 사별

0.9 직장 문제

0.7 남녀 문제

1.2 기타

〈자료: 중앙자살예방센터〉

60대 이상 자살 시도자의 신체병력

※2017년 기준

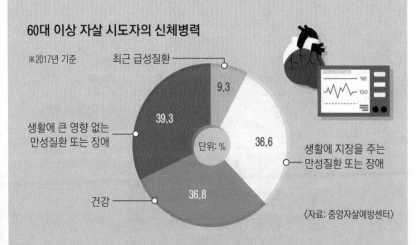

최근 급성질환 — 9.3

생활에 큰 영향 없는 만성질환 또는 장애 — 39.3

단위: %

생활에 지장을 주는 만성질환 또는 장애 — 36.6

건강 — 36.8

〈자료: 중앙자살예방센터〉

암환자 통증을 바라보는 의사들의 시각 (단위: 점)

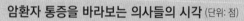

전혀 아님 **0**점 → 매우 그렇다 **10**점

암환자 통증평가는 중요하다	9.44
암환자는 정확하게 통증을 보고한다	7.13
의사들은 환자의 통증 완화를 위해 노력한다	6.65
통증 관리를 위해 협진체계가 구축 돼있다	5.36

〈자료: 한국보건의료원〉

암환자에게 마약성 진통제 처방 꺼리는 이유

※2012년 10월 의사 266명 대상 설문

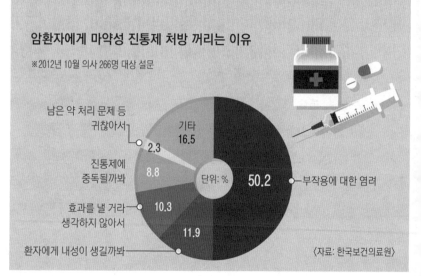

남은 약 처리 문제 등 귀찮아서 — 2.3
기타 16.5
진통제에 중독될까봐 8.8
단위: % 50.2 부작용에 대한 염려
효과를 낼 거라 생각하지 않아서 — 10.3
11.9
환자에게 내성이 생길까봐

〈자료: 한국보건의료원〉

2015년 '죽음의 질 지수(quality of death index)'를 발표했다. 나라별로 임종을 앞둔 환자의 고통을 덜어줄 의료 시스템이 얼마나 발달했는지를 나타내는 지수다. 죽음을 앞두고 갈 수 있는 병원 수, 치료 수준, 임종과 관련한 국가 지원, 의료진 수 등 20가지 지표로 측정한다. 2015년 기준 80개 국가 중 1위는 영국으로 100점 만점에 93.9점을 받았다. 우리나라는 73.7점을 받아 18위에 올랐다. 영국이 '죽기 좋은 나라'가 된 건 정부 주도로 '생애말 돌봄 전략(end of life care strategy)'을 추진한 게 결정적이었다. 정부의 주도하에 '좋은 죽음(good death)'은 무엇인지를 고민해 긍정적 변화를 이룬 대표적 사례다.

영국에서 생애말 돌봄 전략이 시행된 건 2008년이다. 이때만해도 영국에서 존엄한 죽음에 대해 관심은 적었다. 영국 통계청에 따르면 2006년 한 해 동안 국민의 58퍼센트가 병원에서 사망했다. 집에서 사망한 국민은 18퍼센트였고, 주거용 요양 시설에서 사망한 경우는 17퍼센트, 호스피스에서 사망한 경우는 4퍼센트에 그쳤다. 당시 영국 국민의 74퍼센트가 자택에서 임종을 맞이하고 싶다고 답했지만 현실과는 괴리가 컸다.

영국 정부는 1년여에 걸쳐 생애말 돌봄 전략을 개발했다. 목표는 국민이 좀 더 '좋은 죽음'을 맞게 하는 것이었다. '익숙한 환경에서', '존엄과 존경을 유지한 채', '가족 및 친구와 함께', '고통 없이' 사망에 이르는 것을 좋은 죽음이라 정의했다.

생애말 돌봄 전략은 총 여섯 단계다. 말기 환자를 어떻게 돌볼 것인지 전략을 수립하는 1~3단계부터 실제 돌봄이 이뤄지는 4단

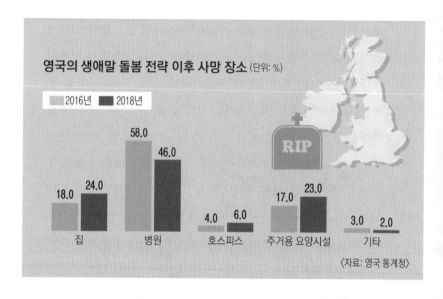

영국의 생애말 돌봄 전략 이후 사망 장소 (단위: %)

■ 2016년 ■ 2018년

집: 18.0 / 24.0
병원: 58.0 / 46.0
호스피스: 4.0 / 6.0
주거용 요양시설: 17.0 / 23.0
기타: 3.0 / 2.0

〈자료: 영국 통계청〉

계, 임종과 임종 후 서비스를 제공하는 5~6단계까지 촘촘히 전략을 세웠다. 결과는 만족스러웠다. 환자가 집, 병원, 호스피스 등 어디에 있든 양질의 돌봄 서비스를 받을 수 있게 됐다. 2018년 한 해 동안 집에서 사망한 영국인은 24퍼센트, 주거용 요양시설에서 사망한 경우는 23퍼센트, 호스피스에서 사망한 경우는 6퍼센트로 각각 상승했고, 병원에서 사망한 경우는 46퍼센트로 감소했다.

정은선 건강보험심사평가원 주임연구원은 "영국은 좋은 죽음을 고민하는 민관 합동 기구를 만들어 대중의 관심을 이끌어내고 사회 인식을 바꾸기에 성공했다. 우리도 죽음에 관한 국민의 인식부터 변화시킬 수 있는 정책적 지원을 고민해야 한다"고 말했다.

호스피스, 편히 죽을 최소의 권리

　호스피스 병동은 마지막 정류장이다. 다양한 사연을 품은 승객이 이곳에 잠시 머물다 종착역으로 떠난다. 길을 떠나기 전 누군가는 의연하고 누군가는 극도의 고독과 공포를 느끼지만 바람은 같다. 얼마 남지 않은 삶을 부디 평화롭게 마무리하기를 빈다. 병동 의료진과 사회복지사, 자원봉사자들은 마지막 배웅을 돕는다.

　우리는 2019년 1월 21부터 25일까지 닷새간 서울 소재 한 병원의 호스피스 병동에서 자원봉사자로 활동하며 삶과 죽음의 경계선에 서 있는 사람들의 모습을 기록했다. 죽음을 논하는 데 폐쇄적인 우리 사회에서 호스피스 병동은 자유롭게 죽음을 말할 수 있는 거의 유일한 공간이다. 생의 끝자락에서 환자와 가족들은 죽음을 받아들이고 누구보다 최선을 다해 오늘을 산다. 남은 날이 많지 않다는 걸 모두가 알기 때문이다. 삶의 마지막 정류장에서 마주친 세 가족의 이야기를 담아봤다.

"어머니, 두려우실 땐 지금 옆에 있는 자녀분들의 목소리를 기억하세요."

1월 21일 호스피스 완화의료센터의 한 병동. 자원봉사자가 임종을 앞둔 환자를 어루만지며 나지막이 속삭이자 환자의 얼굴에 뜨거운 눈물이 흐른다. 눈조차 뜨지 못한 채 거친 숨만 몰아쉬는 순간에도 늙은 어미는 자식이라는 말에 반응했다.

자원봉사자들은 병동에 없어선 안 될 존재다. 욕창을 막으려 2시간 간격으로 환자의 자세를 바꾸고, 발마사지를 하고 목욕을 시키며 환자의 위생을 관리한다. 무엇보다 중요한 건 환자가 바라는 일을 들어주는 것이다. 소소한 바람도 예외는 없다. 사소해 보여도 한 인간의 마지막 소원이 될 수 있기 때문이다.

호스피스 자원봉사를 한 지 16년차가 된 김가은 씨는 "언제 이별할지 모르는 환자들에게 '내일은 없다'는 생각으로 순간순간 최선을 다해야 한다"고 말했다. 마지막으로 아버지와 회에 소주 한잔 마시는 게 소원이라는 환자를 위해 술상을 차린다든지, 병동에서 마련한 작은 결혼식의 사회자가 되기도 한다. 환자가 원하면 병동은 한순간에 노래방으로 변신한다. 트로트부터 랩까지 그저 목청 높여 부른다.

1월 22일에 찾아간 302호 병실이 그랬다. 성가를 부르던 봉사자들에게 환자 전은혜(62세) 씨가 "후나(나훈아) 오빠의 노래 '사랑' 부탁해요"라고 외치자 성가대는 기다렸다는 듯 모드를 전환했다. "이 세상에~ 하나밖에, 둘도 없는 내 여인아~." 옆에 있던 의료진과 간병인까지 하나둘씩 '떼창'에 가담하면서 병동은 순식

간에 나훈아 콘서트장이 됐다. 간만에 웃음소리가 병동을 가득 채웠다.

"고통스러운 치료를 중단하고 편안하고 행복하게 남은 시간을 보내고 싶다는 생각뿐이에요."

연명의료 중단을 결정하는 건 생각처럼 쉽지만은 않았다. 전씨는 2014년 12월에 난소암 말기 판정을 받았다. 곧바로 수술에 이어 항암 치료까지 들어갔지만 차도가 없었다. 암 병동에 입원해 2차 항암 치료도 해봤지만 몸이 버티지 못했다. 약에 취해 종일 늘어져 잠만 자야 했다. 번뜩 이건 아니라는 생각이 들었다. 얼마 남지 않은 날이지만 맑은 정신으로 보내고 싶었다. 전씨는 며칠 전 사전연명의료의향서를 작성하고 호스피스 병동에 왔다.

"병동 식구들과 함께 노래하고, 꽃꽂이도 하고, 이런저런 이야기도 하는 시간이 고맙고 즐거워요."

물 한 모금조차 넘길 수 없는 몸이지만 표정만은 밝다. 이날 미술 치료를 받는 중에 전씨는 난생처음 종이로 복주머니를 접었다. "누구에게 주고 싶으냐"는 질문에 전씨는 "임신한 첫째 며느리에게 줄 선물"이라며 잠시 말을 멈춘다.

암 병동에서부터 만나 전씨와 단짝 친구가 된 간병인 김진혜 씨는 "항암 치료를 받을 때보다 (전씨의) 표정이나 기력이 나아져서 다행이다. 이렇게 좋은 사람에게 왜 병이 찾아왔는지 모르겠다"고 눈시울을 붉혔다. 전씨는 하루에도 수차례 병동을 돌며 운동한다.

"제가 얼마나 더 살지 아무도 모르잖아요. 이렇게 웃다 보면 손

2019년 1월 25일 서울 소재 한 병원에서 간병인이 말기 암으로 투병 중인 환자의 손을 꼭 잡고 호스피스 병동을 거닐고 있다. 간병인과 환자로 만난 두 사람은 동갑내기로 친구가 됐다. 사진 박지환

주 얼굴도 보고 갈 수 있을지도 모르겠어요."

전씨는 웃으며 퇴근 후에 찾아올 아들을 기다렸다.

위로받아야 하는 이는 환자뿐만이 아니다. 사랑하는 사람이 죽어가는 모습을 고스란히 지켜봐야 하는 가족의 가슴은 말 그대로 찢어진다. 호스피스에선 보호자들의 심리 상태도 늘 예의주시한다. 이 때문에 보호자들은 피교육자임과 동시에 모니터링 대상자다. 이별을 받아들이지 못하고 고통스러워하는 경우엔 환자가 세상을 떠난 후에도 심리 상담을 제공하기도 한다.

"(아들이) 딸기를 너무 먹고 싶어 하는데 그거 한입을 줄 수 없다는 게 가슴이 미어져요. 평생 한이 될 것 같아요"

1월 24일 보호자 교육장에서 만난 김윤후(25세) 씨의 어머니

조승혜(52세) 씨는 하염없이 눈물을 흘렸다. 이날은 임종기 환자를 돌보는 보호자가 어떤 역할을 해야 하는지를 교육하는 자리였다. 아들에게 먹을 것을 주면 안 된다는 건 이미 어머니도 잘 알고 있었다. 다만 말을 들어줄 사람이 필요했다. 간호사는 "충분한 포도당을 투여하니까 절대 굶기는 게 아니에요"라며 조씨를 꼬옥 안았다.

초등학교 교사를 꿈꾸던 아들 윤후씨는 2013년 교대에 입학했다. 하지만 같은 해 신경 속에 종양이 생기는 희귀병이 찾아왔다. 암 덩어리를 1년에 한 번꼴로 잘라내야 했다. 어머니 조씨는 "차라리 날 데려가달라"고 기도했다. 아들을 품고 5년간 문지방이 닳도록 병원을 드나들었지만 야속하게도 암은 너무 빠르게 아들을 삼켰다. 이제 눈에 넣어도 아프지 않을 아들을 떠나보내야 한다.

윤후씨는 투병 기간 동안 시를 썼다. 짧은 생애 중에 갑작스레 다가온 죽음, 그리고 가족과 친구들에 대한 애정을 적었다. 2017년 크리스마스엔 시집을 만들어 엄마에게 선물했다. 아들은 '서로에게 서로가 없었다면 견뎌내지 못했을 시간들이었다'라는 시구를 통해 어머니에게 고마움을 전했다. 5년 6개월이라는 긴 투병 기간 중에 쓴 시집은 아들이 선넨 마지막 크리스마스 선물이 됐다.

"선물을 받고 펑펑 울었어요. 오히려 윤후가 자기의 죽음을 알면서도 의연하고 담담하게 받아들이더군요. 그게 너무 대단해요."

호스피스에 가겠다고 말한 것도 아들이다. 떠날 시간이 임박했다는 걸 직감한 듯했다. 통곡하는 엄마의 눈물을 닦아줬다. 호스피스 병동에 들어온 지 얼마 안 돼 아들의 상태는 부쩍 안 좋아졌다.

"잠시 집안일을 보고 돌아와보니 갑자기 윤후의 목소리가 안 나오더라고요. 좀 더 옆에 있어야 했는데 후회가 듭니다."

하지만 목소리를 잃은 그날도 아들은 웃었다. 참기 어려운 통증 속에서도 손짓과 입 모양으로 늘 어머니와 주변을 향해 감사 인사를 전했다.

이제 윤후씨는 이 세상에 없다. 우리가 병동을 떠난 뒤 얼마 안 돼 세상을 떠났다는 소식을 전해 들었다. 어머니에게 안부 전화를 걸었다. 수화기 너머에서 조씨의 목소리가 들렸다.

"투병 기간 내내 윤후가 고생했는데 마지막 시간이나마 통증을 조절하며 떠날 수 있게 된 걸 감사히 생각하고 있어요. 편안한 이별을 선물해준 병동 식구들에게 감사해요. 도움을 받았으니 저도 받은 만큼 봉사할 계획이에요."

윤후씨가 죽음을 앞두고 쓴 시집을 다시 살펴보다가 존엄한 죽음에 대한 해법이 담겨 있는 것 같은 글귀를 만났다. 여기에 옮겨본다.

"허락된 시간이 얼마나 남았는지는 아무도 모른다. 언제까지 그대로일 수 있을지는 누구도 답할 수 없다. 그저 지금이 가장 소중하다. 지금 내 모습이 가장 아름답다."

김진혜(82세) 씨는 2019년 초 담도암 4기 진단을 받았다. 김씨

한 자원봉사자가 환자의
발마사지를 위해 쿠션과 수건,
아로마 오일 등을 챙기고 있다.
쉽게 손발이 붓는 환자를 위해
봉사자들은 하루에도 수차례
병실을 돌며 마사지를 한다.
사진 박지환

는 크게 놀라거나 동요하지 않았다. 의사와 가족에게 미리 작성
해둔 사전연명의료의향서를 꺼내 보였다. 무의미한 치료 대신 평
화롭게 여생을 마치겠다는 선언이기도 했다. 김씨가 비교적 죽음
앞에 의연할 수 있었던 것은 일찌감치 시작한 봉사 활동의 덕이
기도 하다. 김씨는 지난 30년간 다니던 성당의 연령회를 통해 아
픈 환자들을 돌보고 장례 절차를 돕는 일을 했다. 타인의 죽음을
보며 자연스레 고통스러운 순간이 오면 존엄하게 죽음을 받아들
이겠다고 결심했다. 이곳 호스피스 병동과도 인연이 깊다. 5년 전
말기 암 선고를 받은 남편도 이곳에서 삶을 마감했다.

　김씨의 큰아들 조지훈 씨는 어머니가 아프시다는 소식에 미국
시애틀에서 달려왔다.

"어머니는 자식을 위해 악착같이 사신 분이에요. 어렵게 생계를 이어갈 때도 본업에 부업까지 하면서 자식들을 과외까지 시키셨어요. 그 덕에 제가 이렇게 살고 있는데…. 혹시나 임종도 지키지 못할까 봐 가슴이 미어집니다."

조씨는 먹고사는 일 때문에 일주일 뒤 미국으로 돌아가야 한다고 했다. 그 대신 조씨의 아내가 남아 어머니를 돌본다. 한 달 뒤 조씨는 미국에서 우리에게 애타는 마음을 전해 왔다. 당시 통증 완화 치료를 받고 퇴원했던 어머니는 다시 입원해야 했다. 통증이 잡히지 않아 고통받고 있다는 소식이었다. 미국에서 어머니의 상태를 전해 들을 수밖에 없는 조씨는 하루하루 마음이 무너져 내린다.

"통증으로 고통이 심하시다고 하네요. 그래도 며느리들과 기도할 때가 제일 편안하다고 하십니다. 어차피 가야 한다면 고통 없이 천국으로 가셨으면 해요. 가장 큰 바람입니다."

부족한 호스피스 병상, 사전연명의료의향서 작성

연명의료결정법이 시행되면서 임종을 앞둔 환자가 품위 있는 죽음을 선택할 수 있는 최소한의 기회가 열렸지만, 정작 연명의료를 중단한 환자들의 평안한 임종을 돕는 호스피스 기관은 턱없이 부족한 실정이다. 호스피스는 말기 상태에서 극심한 통증을 겪는 환자들에게 불필요한 의료 행위를 배제하는 대신에 통증 완화에 집중하면서 정신적·영적 돌봄을 제공하는 서비스다. 우리나라는 1963년 '마리아의 작은 자매회' 수녀들이 강원 강릉 갈바리 의원에서 임종자들의 간호를 시작한 게 시초다. 아시아권에서는 가장 먼저 시작됐지만 전문 기관과 인력이 부족하고 홍보가 되어 있지 않아 활성화는 더디기만 하다.

중앙호스피스센터에 따르면 2023년 7월 기준 호스피스 전문병원(입원형)은 전국에 90곳이 있고 병상은 1552개에 불과하다. 1년에 암으로 사망하는 환자 수가 2022년 기준 8만 3378명인 것을 감안하면 턱없이 부족하다. 그나마 이용자 수가 조금씩 증가해 2021년 엔 호스피스 대상 질환 사망자의 21.5퍼센트가 호스피스를 이용한 것으로 집계됐다. 5명 중 4명 환자는 호스피스를 이용하지 못하고 있는 셈이다. 미국(52.0퍼센트)이나 캐나다(40.8퍼센트), 영국(46.6퍼 센트), 대만(39.0퍼센트) 등과 비교하면 열악한 수준이다. 특히 서 울이나 부산 등 대도시에서는 호스피스 병상이 부족해 대기자가 줄을 서거나 입원 기간이 2~3주가 지나면 퇴원을 권고받는 일도 적지 않다.

아픈 환자들도 하다 하다 못해 마지막으로 호스피스를 찾는 경향이 뚜렷했다. 2017년에 호스피스를 이용한 환자들을 보면 사 망하기 평균 한 달(30.3일) 전에 호스피스에 처음 등록했다. 그나 마도 이용자 4명 중 1명(23.4퍼센트)은 호스피스를 일주일도 채 이 용하지 못하고 사망했다. 임종이 임박해서야 호스피스를 찾는 사 례가 많다는 얘기다. 윤영호 교수는 "환자들이 삶을 잘 마무리하 려면 적어도 6개월 전부터 호스피스가 연계되는 것이 바람직하 다. 조기에 호스피스를 통한 완화의료가 제공되면 오히려 생존 기간이 늘어난다는 연구 결과도 있다"고 강조했다.

호스피스를 이용하는 이들의 대부분이 암 환자라는 점도 한계 로 꼽힌다. 정부는 2017년 8월부터 암 이외에도 만성 폐쇄성폐질 환, 만성 간경화, 후천성면역결핍증(AIDS)까지 호스피스 병동을 이용할 수 있게 했다. 하지만 그해 연말까지 이용자 중 암 환자가 아닌 경우는 16명에 그쳤다.

우리가 대한의료사회복지사협회와 함께 2019년 1월과 2월 두 달에 걸쳐 서울대병원, 전북대병원, 국립암센터, 충남대병원 등 종합병원 4곳에서 사전연명의료의향서를 작성한 이들 81명을 대상으로 진행한 심층 설문 조사에 따르면, 응답자의 81.3퍼센트가 호스피스를 이용하겠다고 답했다. 동시에 호스피스가 활성화되지 않는 요인으로는 '끝까지 의학 기술에 의지하려는 환자나 가족의 태도'(36.5퍼센트), '호스피스에 대한 부정적 인식'(28.4퍼센트), '대상자 및 시기 판단의 어려움'(25.7퍼센트), '호스피스 기관 및 인력 부족'(23.0퍼센트) 등을 꼽았다.

전문가들은 정부의 적극적인 지원을 받고, 왕진 제도를 부활시킨 가정형 호스피스 같은 다양한 시스템과 연계할 필요가 있다고 입을 모은다. 2016년 3월 시범 사업으로 시작한 가정형 호스피스는 환자들이 친숙한 공간에서 의료 서비스를 받는다는 점에서 만족도가 높다. 경기 파주에 사는 전 모(52세) 씨는 암의 일종인 가성점액종과 투병하면서 2018년 11월부터 국립암센터에서 제공하는 가정형 호스피스를 이용하고 있다. 일주일에 한 번씩 의사나 간호사, 사회복지사가 전씨의 집을 방문해 증상을 살피고, 24시간 전화 상담도 실시한다.

전씨의 남편 최 모 씨는 "의료진이 주기적으로 집으로 와서 살펴주니까 너무 좋다. 주변에서 돈을 얼마나 내야 하냐고 묻는데 내가 진료비로 7000원(1회, 암 환자 본인 부담 5퍼센트 적용) 정도라고 하면 다들 놀란다"고 말했다. 윤미진 국립암센터 가정 전문 간호사는 "의료진 입장에서도 환자와 보호자가 편안히 느끼는 환경에서 환자의 질환뿐 아니라 심리 상태와 인간적인 부분까지 공유하고, 좀 더 전인적인 완화의료를 제공할 수 있다"고 설명했다.

그러나 아직까지 가정형 호스피스를 제공하는 의료 기관은 2023년 7월 기준 전국에 39곳밖에 되지 않는다. 사망하기 전에 가정형 호스피스를 이용한 사람들의 이용 횟수도 1회에 그친 경우가 대부분(2017년 기준 83퍼센트)이었다. 가정형 호스피스가 닿지 않는 지역이 많은 데다 환자를 돌볼 가족이 없는 경우 입원형 호스피스에 대한 선호도가 높기 때문이다. 송인규 중앙호스피스센터 선임연구원은 "질환 초기에는 기존의 병원에서 완화의료를 제공하고, 환자가 말기에 접어들면 가정형 또는 입원형 호스피스가 집중적으로 개입하는 방식으로 호스피스를 설계하는 것이 바람직하다"고 말했다.

4명 중 1명 "시한부 판정을 받으면 적극적 안락사 신청할 것"

"나중에 치료도 무의미하고 그럴 때 '우리는 자식들 고생을 시키지 맙시다' 그렇게 남편이랑 둘이서 늘 얘기를 해왔어요. 자식들도 고생이고 나도 고생이고. 그러지 말라는 뜻에서 미리 쓰러 왔어요."

2019년 2월 서울대병원을 방문해 상담을 받고 사전연명의료의향서에 서명한 김신자(77세) 씨는 "작성하기 참 잘한 것 같다"고 되뇌었다. 뭔가 아쉬운 듯 "그런데 아예 못 움직이거나 치매에 걸리게 되면 치료도 영양 공급도 나는 안 했으면 좋겠어…"라고도 덧붙였다. 연명의료결정법이 시행된 이후 무의미한 연명의료

호스피스 · 완화의료 현황

암 사망자 및 호스피스 이용률

국내 암사망자수(명)

2008년	2009년	2010년	2011년	2012년	2013년	2014년	2015년	2016년	2017년
6만 8912	6만 9780	7만 2046	7만 1579	7만 3759	7만 5334	7만 6611	7만 6855	7만 8194	7만 8863

말기 호스피스 이용률(%)

7.3 9.1 10.6 11.9 11.9 12.7 13.8 15.0 17.5 22.0

호스피스 제공 의료기관 (단위: 곳)

	2013년	2014년	2015년	2016년	2017년	2018년 9월
자문형						25
가정형					20	33
요양병원				21	25	16
				12	11	
입원형	54	57	66	77	81	83

〈자료: 보건복지부, 국립암센터 중앙호스피스센터〉

호스피스 · 연명의료결정법 시행 이후 인식 변화 (단위: %)

임종 장소로 가장 적합한 곳은

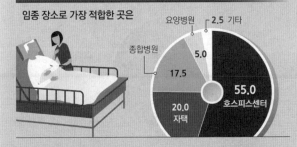

2.5 기타
요양병원 5.0
종합병원 17.5
자택 20.0
호스피스센터 55.0

호스피스 · 완화의료 서비스를 이용할 의향이 있나

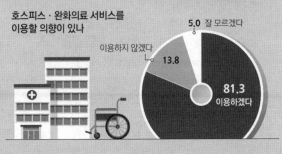

잘 모르겠다 5.0
이용하지 않겠다 13.8
이용하겠다 81.3

이용할 의향이 있다면, 이유는 ※복수 응답

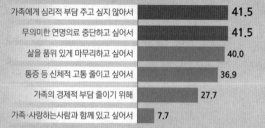

가족에게 심리적 부담 주고 싶지 않아서	41.5
무의미한 연명의료 중단하고 싶어서	41.5
삶을 품위 있게 마무리하고 싶어서	40.0
통증 등 신체적 고통 줄이고 싶어서	36.9
가족의 경제적 부담 줄이기 위해	27.7
가족·사랑하는사람과 함께 있고 싶어서	7.7

이용할 의향이 없다면, 이유는 ※복수 응답

기존 치료보다 비용 부담 커질 것 같아서	45.5
삶을 포기한다는 생각이 들어서	27.3
환자나 가족이 원하지 않을 것 같아서	18.2
증상이나 통증 조절 잘 안 될 것 같아서	9.1

사전연명의료의향서를 무엇으로 알고 있나 ※복수 응답

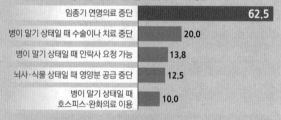

임종기 연명의료 중단	62.5
병이 말기 상태일 때 수술이나 치료 중단	20.0
병이 말기 상태일 때 안락사 요청 가능	13.8
뇌사·식물 상태일 때 영양분 공급 중단	12.5
병이 말기 상태일 때 호스피스·완화의료 이용	10.0

연명의료결정법을 어느 수준까지 확대 해야 하나

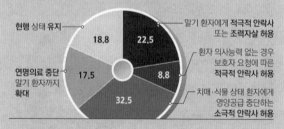

현행 상태 유지 18.8

말기 환자에게 **적극적 안락사 또는 조력자살 허용** 22.5

환자 의사능력 없는 경우 보호자 요청에 따른 **적극적 안락사 허용** 8.8

치매·식물 상태 환자에게 영양공급 중단하는 **소극적 안락사 허용** 32.5

연명의료 중단 말기 환자까지 확대 17.5

삶을 마무리하는 데 중요한 것은 ※복수 응답

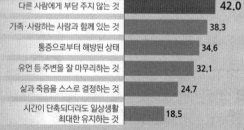

다른 사람에게 부담 주지 않는 것	42.0
가족·사랑하는 사람과 함께 있는 것	38.3
통증으로부터 해방된 상태	34.6
유언 등 주변을 잘 마무리하는 것	32.1
삶과 죽음을 스스로 결정하는 것	24.7
시간이 단축되더라도 일상생활 최대한 유지하는 것	18.5

〈자료: 서울신문·대한의료사회복지사협회 공동 설문조사〉

가 남발되는 일이 줄고 전반적으로 품위 있는 죽음이 가능해졌다는 평가가 나온다. 하지만 실제 사전연명의료의향서를 작성하러 온 사람들의 상당수는 제도가 좀 더 확대됐으면 한다고 입을 모았다.

우리가 대한의료사회복지사협회와 함께 사전연명의료의향서 작성자들을 대상으로 실시한 설문 조사에 따르면 상당수는 소극적 안락사나 적극적 안락사를 염두에 두고 온 것으로 나타났다. 현행 연명의료결정법에서는 임종기 환자에 한해 심폐소생술, 인공호흡기, 혈액 투석, 항암제 투여 등 4가지 연명의료를 중단할 수 있다.

상담하기 전 사전연명의료의향서에 대해 어떻게 알고 왔느냐는 물음에 응답자들은 '임종기 연명의료 중단'(62.5퍼센트·복수 응답) 외에도 '병이 말기 상태일 때 언제든 수술이나 치료 중단'(20.0퍼센트), '뇌사나 식물 상태일 때 영양분 공급 중단'(12.5퍼센트), '병이 말기 상태일 때 안락사 요청 가능'(13.8퍼센트)으로 답했다. 본인이 말기 판정(시한부)을 받았을 때 어느 정도까지 선택할 의향이 있느냐는 질문에는 4명 가운데 1명꼴(24.7퍼센트)로 '적극적 안락사나 조력자살을 신청하고 싶다'고 답했다. 또 가족이나 가까운 지인이 원할 때에도 4명 중 1명(24.7퍼센트)은 소극적 안락사를, 14.6퍼센트는 적극적 안락사나 조력자살에 동의할 의향이 있다고 답했다.

현행 연명의료결정법의 대상과 시기, 방법의 범위를 좀 더 확대해야 한다는 목소리도 컸다. 연명의료를 중단하는 정도를 넘어 소극적 안락사를 허용해야 한다는 의견이 32.5퍼센트로 가장 많았으며, 적극적 안락사까지 허용해야 한다는 의견도 31.3퍼센트에 달했다. 연명의료 중단의 범위를 말기 환자까지 확대해야 한다는 의견은 17.5퍼센트, 현행 유지 의견은 18.8퍼센트에 그쳤다.

운영 체계도 손질할 부분이 많다. 개인이 작성한 사전연명의료의향서는 국립연명의료정보처리시스템에 등록되는데, 문제는 기관별 윤리위원회가 설치된 병원에서만 조회가 가능하다는 점이다. 현재 상급 병원은 대부분 조회가 가능하지만 요양병원 등에는 윤리위원회가 없는 곳도 많다. 경우에 따라서는 환자가 의식이 없고 임종이 임박했는데도 환자가 미리 작성해둔 사전연명의료의향서를 병원에서 곧바로 확인해볼 수 없다는 얘기다.

숙련된 상담 인력을 확보하고 상담 후 복지 시스템과 연계하는 문제도 제기된다. 사전연명의료의향서 상담을 맡고 있는 김예진 서울대병원 의료사회복지사는 절감해온 사안을 꺼냈다. "상담을 하다 보면 돌봄이나 경제적 문제, 노년기 우울감, 자살 충동 등 여러 문제를 발견하게 된다. 하지만 이를 사회복지 시스템과 적절히 연계할 체계가 없고, 기관에 따라 상담의 질도 차이가 크다. 행정적인 문서 작성을 넘어 임종에 관한 의사 결정인 만큼 온전히 자기 결정을 할 수 있도록 전체적인 시스템 정비가 필요하다."

사전연명의료의향서는 보건복지부가 지정한 사전연명의료의향서 등록 기관에서 작성할 수 있으며, 전국의 국민건강보험공단 본부와 지사, 출장소를 찾아가도 작성할 수 있다.

환자가 사전연명의료의향서를 작성하지 않은 경우 연명의료

■ 호스피스·완화의료 및 임종과정에 있는 환자의 연명의료결정에 관한 법률 시행규칙 [별지 제6호서식]

사전연명의료의향서

※ 색상이 어두운 부분은 작성하지 않으며, [ ]에는 해당되는 곳에 √표시를 합니다.

등록번호		※ 등록번호는 등록기관에서 부여합니다.	
작성자	성 명		주민등록번호
	주 소		
	전화번호		
연명의료 중단등결정 (항목별로 선택합니다)	[ ] 심폐소생술		[ ] 인공호흡기 착용
	[ ] 혈액투석		[ ] 항암제 투여
호스피스의 이용 계획	[ ] 이용 의향이 있음		[ ] 이용 의향이 없음
사전연명의료 의향서 등록기관의 설명사항 확인	설명 사항	[ ] 연명의료의 시행방법 및 연명의료중단등결정에 대한 사항	
		[ ] 호스피스의 선택 및 이용에 관한 사항	
		[ ] 사전연명의료의향서의 효력 및 효력 상실에 관한 사항	
		[ ] 사전연명의료의향서의 작성·등록·보관 및 통보에 관한 사항	
		[ ] 사전연명의료의향서의 변경·철회 및 그에 따른 조치에 관한 사항	
		[ ] 등록기관의 폐업·휴업 및 지정 취소에 따른 기록의 이관에 관한 사항	
	확인	년 월 일 성명 (서명 또는 인)	
환자 사망 전 열람허용 여부	[ ] 열람 가능	[ ] 열람 거부	[ ] 그 밖의 의견

중단에 대한 환자의 의사를 확인하는 절차는 다음과 같다. 만약 19세 이상의 환자가 의사를 표현할 수 없는 의학적 상태이면서 사전연명의료의향서가 없다면, 평소 의사를 추정할 수 있는 가족 2명 이상의 진술과 전문의 1명의 확인을 거쳐야 인정된다. 또 사전연명의료의향서가 없는 상태에서 환자의 의사를 확인할 수 없고 환자가 의사 표현도 할 수 없다면 가족 전원의 합의와 담당 의사 및 전문의 1명의 확인이 있어야 한다. 미성년자인 환자는 법정 대리인(친권자)이 연명의료를 중단하겠다는 의사 표시를 하고, 담당 의사와 전문의 1명의 확인이 필요하다.

국립연명의료관리기관에 따르면 연명의료결정법이 시행된 이후 2023년 12월까지 임종 과정에서 연명의료를 유보하거나 중단한 임종기 환자는 총 30만여 명에 달했다. 사전연명의료의향서를 작성하는 이들도 빠르게 늘어 2023년 10월 기준 총 200만 명을 넘어섰다.

4부

—

좌담

: 삶을 위해 죽음을 말해야 한다,
모두가 침묵하면 죽음은
더욱 두렵고 막강해진다

한국인의 삶의 질과 달리 죽음의 질은 제자리걸음이다. 여전히 많은 사람이 고통 속에서 삶을 마감한다. 임종 직전까지 무의미한 연명의료를 지속하다가, 삶을 정리하고 가족과 마무리할 시간도 없이 죽음을 맞고 있다. 김명희 전 국가생명윤리정책원 원장, 박지영 상지대 사회복지학과 교수, 신현호 법률사무소 해울 변호사, 윤영호 서울대 의대 가정의학과 교수를 서울신문 본사로 초청해 '존엄한 죽음이란 어떠해야 하는지' 해법을 물었다. 이들은 아직 걸음마 단계인 호스피스 돌봄을 확대하고 병원이 아닌 환자 중심으로 개편해야 한다고 제언했다. 안락사에 대한 사회적 논의를 시작하되 사회적 돌봄을 충분히 제공하는 의료 복지 체계를 먼저 구축해야 한다고 조언했다. 그래야 안락사를 도입하더라도 부작용을 최소화할 수 있다고 했다.

좌담

시행되고 있는 연명의료결정법에 대한 평가는.

김명희 우리가 그동안 금기시했던 죽음에 대한 논의를 공식화했다는 점에서 의미가 있다. 이 법이 생기면서 의사와 환자 사이에, 환자와 보호자 사이에 죽음에 대해 소통할 수 있는 창구가 열렸다. 그동안은 임종이 임박한 환자를 상대로 연명의료를 언제까지 지속할지에 대해 결정하지 못하고 서로에게 부담을 떠넘겼다. 하지만 비록 임종기의 연명의료에 한한 것이지만 이제 서로 논의를 거쳐 임종 시기를 결정할 수 있게 됐다.

신현호 연명의료결정법이 말기 환자에 대한 의료를 내팽개치는 일종의 '고려장법'이 아니냐고 오해하는 분들이 있다. 오히려 '말기 환자 권리보호법'이라고 생각한다. 과거에는 가족들이 중환자실에 환자를 데려갔다가 연명의료를 한번 시작하면 중단할 수 없어서 파산할 때까지 퇴원하지 못하는 경우가 종종 있었다. 가진 돈이 없는 경우 치료를 계속해야 하는데도 환자가 돌아가신 후에야 사망진단서를 끊기 위해 병원에 갔다. 이런 사정상 치료를 받아야 하는데도 병원에 가지 못하는 환자가 많았다. 연명의료결정법이 시행됨에 따라 임종기 환자가 원하면 연명의료를 중단해도 합법적인게 됨으로써 말기 환자도 언제든 병원에 갈 수 있게 됐다. 또 죽음에 대한 논의가 공론화되면서, 부모와 자식 간에도 말기 치료를 어떻게 할 거냐고 이야기할 수 있는 분위기가 마련됐다.

김명희(왼쪽부터) 전 국가생명윤리정책원 원장, 윤영호 서울대 의대 가정의학과 교수, 박지영 상지대 사회복지학과 교수, 신현호 법률사무소 해울 변호사가 존엄한 죽음에 대한 해법과 안락사에 대한 의견을 나누고 있다. 안락사 문제는 이날도 뜨거운 감자였다. 이날 참석자들은 저마다 의견을 밝히며 3시간가량 열띤 토론을 벌였다. 사진 정연호

박지영 죽음을 선택하는 일이 개인적 차원에 그치지 않고 사회적으로 인정받게 됐고, 제도 안에서 개인이 죽음을 권리의 문제로 인식하고 이에 대해 어떤 결정을 할 것인가를 이야기할 수 있게 된 것이 가장 큰 성과라고 본다. 얼마 전에 중환자실에서 일하는 간호사들을 대상으로 인터뷰를 진행한 적이 있는데, 실제 현장에선 의사와 간호사 사이에도 연명의료결정법을 받아들이고 해석하는 데 여전히 온도 차가 있는 것 같다. 하지만 연명의료결정법이 시행된 이후 임종을 앞둔 환자와 가족들이 죽음에 대해 이야기하는 것이 예전처럼 처절하지 않다. 부담이 감소한 것이다. 과거에는 당사자 혼자 죽음에 대해 고민해야 했다. 하지만 이제는 법과 제도 안에서 개인이 삶의 질과 죽음의 질을 함께 고려하여 치료 중단 여부를 선택할 수 있게 됐다.

윤영호 아직 시작 단계에 불과하다. 매년 28만~29만 명이 사망하는데, 이 중 0.1퍼센트만이 본인이 사전에 직접 작성한 사전연명의료의향서에 따라 임종을 맞았다. 연명의료 중단이 실체적 선택권으로서 보장되려면 그 결정이 죽음이 임박할 때가 아니라 건강하고 합리적인 의사 결정이 가능할 때 미리 이뤄져야 한다. 아직까지 연명의료 중단은 그 3분의 2가 가족의 합의에 따라 선택된 것이었다. 가야 할 길이 멀다. 단순히 사전연명의료의향서를 작성하는 것은 필수조건일 뿐이다. 더 나아가 품위 있는 죽음이란 무엇인지에 대해 담론화해서 사회적인 합의를 거쳐야 하고, 그에 따라 구체적인 정책과 조직, 예산 등을 갖춰야 한다.

과거에는 당사자 혼자 죽음에 대해 고민해야 했다. 하지만 이제는 법과 제도 안에서 개인이 삶의 질과 죽음의 질을 함께 고려하여 치료 중단 여부를 선택할 수 있게 됐다._박지영 교수

연명의료 중단과 호스피스 돌봄은 이제 어떤 방향으로 나아가야 하나.

윤영호 말기 환자의 고통을 줄이는 완화의료나 호스피스 돌봄이 적어도 임종하기 6개월 전부터 제공돼야 한다. 하지만 현재는 임종기가 다 돼서야 호스피스에 입소하는 경우가 대부분이다. 환자의 남은 삶이 3~6개월 이내로 판단되면 치료 과정에서도 언제든지 완화의료나 호스피스 돌봄을 제공하는 시스템이 마련돼야 한다.

신현호 호스피스는 종교인이나 사회복지사, 봉사자가 중심이 되고 의료진은 보조적 역할을 하는 게 이상적이다. 그런데 우리나라는 이와 반대다. 의료진이 호스피스에서 중심 역할을 한다. 호스피스는 원래 회복할 가망이 없는 노숙인 환자를 수녀원으로 데려가 죽을 때까지 편안히 돌보는 데서 시작됐다. 호스피스가 선진화된 독일에서 살다 돌아온 한 파독 간호사가 한국 호스피스를 보고 깜짝 놀랐다고 한다. 호스피스 케어에 왜 '의료'가 들어와 있는지 모르겠다는 것이다. 독일에선 호스피스는 종교나 사회단체에서 주관하는 것이므로 의사는 환자를 데려다주는 보조적 위치에 그친다. 하지만 한국은 호스피스마저 의료화돼 있다.

윤영호 존엄한 죽음을 위해선 육체적 고통을 완화하는 의료 영역뿐 아니라 정신적, 경제적 문제까지 전반적으로 돌보는 사회복지 영역과 환자들의 손과 발이 되는 봉사자의 역할이 중요하다. 하지만 우리나라에선 의료 영역만 강조되는 게 현실이다. 미국은 호스피스의 전체 돌봄 과정에서 최소 5퍼센트는 봉사자가 담당하도록 의무화하고 있다. 독일도 봉사자가 130시간의 교육을 받고 2년간 의무적으로 활동한다. 이때 봉사자를 교육시키는 비용은 정부가 지원한다.

김명희 호스피스가 선진화된 국가들에선 의료진과 사회복지사,

봉사자가 왕진을 가는 형태의 가정형 호스피스가 주축을 이룬다. 우리나라의 경우 가족 구조와 주거 형태, 사회경제적인 문제들로 인해 아직은 많은 사람이 병원에 의존할 수밖에 없는 상황이다. 집에서 생의 마지막 순간을 보내고 싶어 하는 사람들에게 가정형 호스피스를 확대할 필요가 있다.

박지영 우리나라의 사회복지 체계에도 죽음의 의료화를 강화하는 부분이 많다. 예컨대 지역사회에서 노인을 가장 많이 지원하는 사회복지사들의 경우, 독거노인이나 재가노인이 생명이 위태로운 상태에서 스스로 연명치료를 위한 입원이나 요양원 입소를 거부하고 자신의 집에서 사망할 것을 요구한다 하더라도, 이러한 자기 결정을 존중하기는 매우 어렵다. 왜냐하면 사회적으로 합의된 '노인 보호'의 의무에는 연명치료나 죽음에 대한 노인의 결정권을 존중하는 개념이 포함되지 않을뿐더러, 지역사회의 노인 보호 시스템은 노인이 입원 치료와 요양원 입소에 동의하고 치료를 받는다는 전제하에 지원이 이뤄진다. 가족이 있는 경우 노인에게 연명을 위한 치료를 제공하지 않으면 그것이 아무리 노인 자신의 결정이라 하더라도 일단 노인 학대 신고 대상으로 간주될 수 있다. 결국 의료적으로 결정된 '치료 불가'나 사망 선고가 가족이나 사회복지사들이 사회로부터 요구된 '보호'의 의무를 종결하는 유일한 방법인 것이다. 그래서 당사자에게 선택권이 없다. 결국 환자 본인이 집에서 임종을 맞고 싶다고 강하게 원해도 시스템이 이를 불가능하게 만드는 측면이 있다. 존엄한 죽음을 맞이하려는 문화가 정착하려면 사회 전반의 제도부터 먼저 바뀌어야 한다.

신현호 차라리 의식이 없으면 모르는데 의식이 있는 상황에서 집을 떠나 병원에서 임종을 맞는 것처럼 정말 비인간적인 건 없는 것 같다.

김명희 어떻게 보면 인권의 문제일 수 있다. 몇 년 전에 급성기 병원에 입원해 있던 친정어머니를 병원이 밀어내는 바람에 결국 노인 요양병원으로 옮기게 됐는데, 그곳에 누워 있는 모습을 보니 너무 힘들더라. 저기 누워 있는 게 저 사람의 결정일까. 저기 누워서 살고 싶어 할까. 보는 내내 정말 참담한 기분이 들었다. 큰 충격을 받았다. 우리나라는 임종 과정과 시스템에 대한 총체적인 점검이 필요하다.

> **연명의료 중단이 실체적 선택권으로서 보장되려면 그 결정이 죽음이 임박할 때가 아니라 건강하고 합리적인 의사 결정이 가능할 때 미리 이뤄져야 한다.** _윤영호 교수

현재 우리나라의 임종 문화에 대해 상세히 이야기해달라.

신현호 우선 돌봄 시스템을 환자 중심, 소비자 중심으로 바꿔야 한다. 현재 우리나라는 모든 게 공급자 중심으로 돼 있다. 그래서

환자가 병원이나 시설에 입원하고 그곳에서 죽음을 맞는다. 돌봄 시스템이 공급자 중심으로 운영되면 시설의 공장형 죽음으로 귀결될 수밖에 없다. 임종기 환자에게 가장 좋은 죽음은 내가 평소 자고 일어나던 침대에서 치료받고 일상을 영위하다 떠나는 것이다. 자신이 살던 곳에서 가족들의 손을 붙잡고 있다가 편히 떠나는 게 많은 사람이 원하는 죽음일 것이다. 그러려면 집이든 직장이든 의료진이 찾아와 환자를 돌보는 가정 치료(홈케어)를 원칙으로 삼아 체계를 구축해야 한다.

김명희 어떻게 보면 존엄사나 안락사를 논하기 전에 앞서, 우리는 자연스럽게 죽을 권리를 갖고 있는지, 인간의 자연스러운 죽음이라는 게 무엇인가를 질문해야 하지 않을까. 앞서 말한 것처럼 어머니를 노인 요양 기관에 모시려 찾아다니면서, 사람이 의식이 없다면 살아 있을 가치가 있느냐는 고민이 들었다. 또 의식이 있는 상태에서 병원에 누워 있으면 24시간 얼마나 무섭고 외롭고 좌절할 것인가. 나는 오히려 존엄사나 안락사에 대해 논의하기 전에, 그냥 죽음 자체에 대해 좀 더 자주 이야기하는, 자연스럽게 죽음을 화제로 삼을 수 있는 문화를 만드는 것이 시급하다고 본다.

윤영호 병원 임종 문화를 바꾸려는 캠페인을 하려면 이런 정책이 필요하다. 환자가 임종 과정에 접어들었을 때가 돼서야 사전연명의료의향서가 있는지 없는지를 찾을 게 아니라, 병원에 입원할 때부터 이를 체크할 필요가 있다. 병원에 입원한다는 건 언제든 심폐

소생술을 할 수 있는 중증 상태에 있다는 걸 뜻하므로 사전에 확인하는 절차를 마련해야 한다. 이런 절차 하나만 바꾸는 것으로도 사전연명의료의향서를 작성한 상태에서 임종을 맞는 환자가 늘어날 것이다.

김명희 문화를 바꾸려면 정책만 갖고는 되지 않을 것 같다. 세대도 바뀌고 교과 과정에도 반영돼 어렸을 때부터 죽음에 대해 자연스레 논의해야 하지 않을까. 그런 변화 없이 정책만 바꾼다면 그 바뀐 정책에 대응하는 또 다른 전략이 나올 것이다. 예컨대 요새 병원에 가면 설명 간호사가 있다. 담당 의사와 30초가량 마주하고 나오면("안녕하세요? 그간 별일 없었어요? 약 그대로 드리면 될까요? 3개월 후에 예약을 잡겠습니다.") 설명 간호사가 검사 과정이나 일정 등을 일일이 설명해준다. 그런데 간호사에게 시키지 않고 의사가 직접 환자에게 의무적으로 진료 상황을 상세히 설명하는 제도를 만들었다고 해서 생명을 결정하는 소중한 과정에 도움이 될까? 그보다는 '애티튜드' 문화에 대해 고민해야 할 것 같다. 즉 진실로 사람을 돌보는 의사, 환자의 삶 전체를 돌보는 의료인을 어떻게 만들어낼 것인가를 함께 고민하지 않으면, 연명의료 중단이나 임종 돌봄 같은 시스템만 갖고 변화를 추구하고 논의를 진전시키기엔 역부족이 될 것이다.

신현호 2009년 우리나라에서 처음으로 존엄사 인정 판결을 받은 김씨 할머니가 인공호흡기를 뗄 때 가족들이 애틋하게 인사를 나누는 모습을 보면서 나도 저렇게 죽어야겠다는 생각을 했다. 병실에 가족들이 모두 모여 임종 예배를 마친 뒤 딸 셋이 돌아가면서 엄마를 껴안고, "못 지켜줘서 미안해요" "잘 키워줘서 고맙습니다" 마지막 인사를 하고, 사위와 손주들도 다가와 손잡고 인사를 하고 나갔다. 하여튼 마지막 순간에 자식들이 손이라도 붙잡고 다 같이 운명하는 모습을 지켜보는 죽음이 돼야 한다. 지난 1960년대에는 객사하는 경우가 드물고 대부분 집에서 고인의 마지막을 모셨다. 집에서 가족들에 둘러싸인 가운데 손잡고 울고 그랬다. 공장형 죽음처럼 가서는 안 된다. 전화기에 대고 90도로 인사하는 게 존엄한 죽음이라고 할 수는 없다.

김명희 그런 것들이 필요한 것 같다. 나도 아버지가 돌아가실 때 병원에 입원해 있던 중 의료진이 갑자기 상태가 안 좋아졌다며 중환자실로 내려보내겠다고 하는데 안 된다는 말을 못 하겠더라. 그렇게 중환자실에서 인공호흡기를 달고 버티다가 일주일 만에 돌아가셨다. 그런데 계속 후회가 되더라. 서로 오해한 부분도 있고, 서로 말하지 못한 부분도 있고, 서로 용서도 빌었으면 좋았을 텐데…. 돌아가신 다음에 그런 점이 너무 아쉬웠다. 가족이 없는 사람은 어쩔 수 없지만 가족이 있는 사람은 가족과 화해하고 임종을 맞는 것이 제일 필요한 것 같다. 마지막 순간에 시간적, 정신적 여유를 어떻게 마련할지를 고민해봐야 한다.

윤영호 결혼 준비를 할 때 웨딩플래너의 도움을 받듯이 웰다잉에 대해 조언할 전문가가 필요하다. 신체적 고통을 줄이는 걸 넘어서 어느 시점에 가족 간에 어떤 이야기를 꺼내야 하는지를 알려주는 등 삶의 마무리 준비를 도와주는 사람. 훈련된 사람이 아니면 가족이나 의사는 먼저 꺼내기 어려운 측면이 있다. 사회복지사가 됐든 간호사가 됐든 교육 시스템을 거쳐 자료를 갖고 접근하는 사람이 필요하다. 그러기 위해선 사회적으로 어떻게 죽음을 맞이할지에 대해 공론화하는 과정이 우선돼야 한다.

그보다는 '애티튜드' 문화에 대해 고민해야 할 것 같다. 즉 진실로 사람을 돌보는 의사, 환자의 삶 전체를 돌보는 의료인을 어떻게 만들어낼 것인가를 함께 고민하지 않으면, 연명의료 중단이나 임종 돌봄 같은 시스템만 갖고 변화를 추구하고 논의를 진전시키기엔 역부족이 될 것이다.
김명희 원장

죽음이 의료화돼 있다는 말을 좀 더 설명해달라.

신현호 외국에선 정신질환자를 정신장애인으로 바라보는 등 탈병리화가 진행되는 추세다. 즉 환자로 하여금 병원을 떠나게 한다는 거다. 죽음은 하나의 자연현상인데 여기에 의료가 개입하면 죽을 때까지 의사 중심으로 갈 수밖에 없다. 말기 환자를 질병 의료 측면에서만 접근하다 보니 어차피 급성기 질환에 따르는 통증 정도를 없애고 인공호흡기를 필요할 때 끼워주는 것밖에 해줄 게 없다. 말기 환자 치료에 종교인도 참여하고 사회복지사도 참여해서 자연스러운 죽음으로 가야 할 텐데, 치료 개념으로만 접근하니 안락사니 적극적 안락사니 이런 다른 이야기만 나오게 된다. 죽음 자체를 자연스러운 과정으로 받아들이지 않고 치료할 질병으로 생각해 개선하려고 하면 막대한 예산만 쏟아 붓고 뒷감당이 되지 않는다. 아무튼 우리가 이 문제를 바라볼 때 의료나 치료에 너무 집착해선 안 될 것 같다. 지금처럼 말기 환자의 경우에도 의사의 치료가 차지하는 비중이 지대한 상황에서 변화가 필요하다.

윤영호 철학적으로나 윤리적으로 보면 치료를 받을 때 환자는 의사에게 생명을 치료할 권리를 양도한 것이라 할 수 있다. 치료 정보와 전문성을 가진 쪽이 의사이다 보니 치료할 때는 주도적으로 이끌어간다. 그런데 치료가 불가능한 시점이 되면 의사는 선택의 권한을 환자에게 다시 돌려줘야 한다. 그런 경우 환자의 의사 결정을 따르는 시스템이 옳다. 물론 이렇게 환자와 의사 간의 선택권 측면에서 보면 간단해 보이지만, 여기에 생명권에 관한 논의가 더해지면서 윤리와 종교 문제 등으로 문제가 커진다. 그때 임종기 의사 결정은 단순하지 않게 된다.

박지영 사실 존엄사나 안락사에 대한 논의가 나올 때 국민, 그러니까 당사자는 항상 논의의 주체로 참여하지 못하고 대상에 머물렀다. 사람들은 연명의료결정법이라고 하면 어떻게 생각하느냐면 죽음에 대한 자기 권리라기보다는 치료가 어려우면 가족에게 부담을 주느니 차라리 죽는 게 낫겠다는 정도의 단순한 논리를 떠올린다. 이게 많은 사람이 가진 오해다. 또 병원 측이 병실 순환율을 높이고 의료비를 절감하려고 만든 일이라고 생각하는 것도 오해 중의 하나다. 사실 아무도 '권리'에 대해 설명해주지 않는다. 다수의 국민은 항상 이런 논의의 바깥에 있다. 왜 우리가 존엄사나 안락사에 대해 논의해야 하는지 아무도 정확히 설명하지 않는다. 전문가들 사이에서만 이야기됐을 뿐이지 사실 많은 이들이 모르고 있다.

김명희 우리나라의 임종 과정이 지나치게 의료화됐다는 말에 동의한다. 죽음이 너무 의료화돼서 병원에서 죽는 게 당연하고, 그래야 잘 죽는 것처럼 생각한다. 죽음을 어떻게 탈의료화할 것인가에 대해 함께 고민해야 할 것 같다. 얼마 전에 친구의 아버지가 미국에서 돌아가셨는데 친구가 다녀와서 하는 이야기를 들어보니 우리나라와 많이 다르더라. 호스피스를 담당하는 간호사가 집으로 찾아와 아버지의 상태를 체크하고 필요한 만큼의 진통제를 주고 가면 친구 본인이 주사를 놓았다고 한다. 주사를 놓는 법을 몰라도 바늘을 꽂는 디바이스가 있어서 거기에 약만 연결하면 되는 구조였다. 그렇게 2주가량 아버지를 보살피면서 임종까지 지켰다고 한다. 여러 이유 때문에 임종 과정이 의료화돼 있지만 탈의료화를 원하는 사람에게는 그렇게 하도록 할 제도가 필요하다.

윤영호 호스피스가 됐든 뭐가 됐든 지금은 죽음이 의료화돼서 병원에서 많은 부분 차지하고 있는 게 현실이다.

박지영 플라톤은 존엄한 죽음이란 축복된 죽음이라고 했다. 축복된 죽음은 신에게서 부여받은 삶의 시간을 다 누리고 자신의 사람들로부터 존중받는 죽음으로 삶을 마무리하는 것을 의미한다. 나는 미래의 여성 독거노인이기 때문에 가끔 혼자 죽는 연습을 하고 상상하는 경우가 있는데, 포기할 수 없는 게 공간이다. 혼자 죽음을 맞는 것까지도 좋다, 두려울 수도 있겠지만. 요즘에 죽음을 앞둔 이들을 인터뷰하다 보면 죽음 앞에 섰을 때 신앙이 있든 없든 하루에 그들의 마음이 열두 번씩 바뀌더라. 연명치료 중단에 동의하고 사인했던 이도 막상 숨이 가쁘고 고통스러워지면 다시 인공호흡기를 끼워달라고 하기도 하고…. 근데 내가 포기할 수 없는 건 공간이다. 익숙한 공간. 나의 역사가 묻은 그곳에서 새벽이 됐든 언제가 됐든 거기서 가고 싶다. 낯선 곳에서 모르는 사람들의 손에 노출된 상태에서 가고 싶지 않다. 죽음의 의미는 배우 안성기가 주인공으로 나온 영화 '축제'에서처럼 화해이고, 존재했던 것에 대한 존중이다. 이제는 한 사람이 떠나가는 과정과 결과를 인정하고 존중하는 것이 존엄한 죽음 아닌가. 나는 스물한 살 때 친할머니의 임종을 지켜봤는데 처음 사람이 죽어가는 것을 보는 것이었는데도 두렵지 않았다. 평소 할머니와 사이가 안 좋았다. 근데 할머니의 숨이 마지막으로 가빠지는 모습을 보면서 나도 모르게 기도가 나오더라. 더 이상 힘들지 않게 하소서. 할머니한테 처음으로 좋아하시던 찬양을 불러드리고, 머리도 쓰다듬어드렸다. 그때 할머니가 눈물 한 방울을 편안히 흘리시면서 딱 하는 소리를 내고 돌아가셨다. 잊을 수 없는 죽음인데, 나는 할머니가 축복된 죽음으로 가셨다고 생각했다. 제도와 정책이 만들어지면 그 사람에 대한 존재보다는 죽음의 과정에서 사회가 규정한 정해진 절차를 지켰는지를 따지는 형식만이 남는다. 심의위원회에 가보면 연명의료 중단에 대한 동의 과정에서 가족 두 사람의 사인을 받았는지 등 이런 이야기를 주로 한다. 죽음과 존재에 대한 이야기는 거의 없다. 행정적 절차만 있고 쓸쓸함만 남는다. 돌아가신 분의 입장에서 한 번 더 삶과 죽음을 바라보는 존중이 필요해 보인다.

내가 포기할 수 없는 건 공간이다. 익숙한 공간. 나의 역사가 묻은 그곳에서 새벽이 됐든 언제가 됐든 거기서 가고 싶다. 낯선 곳에서 모르는 사람들의 손에 노출된 상태에서 가고 싶지 않다. _박지영 교수

여론조사에 따르면 안락사 허용을 찬성하는 이들이 80퍼센트를 넘었다.

김명희 이번 조사를 통해 안락사를 도입하자는 여론이 생각보다 높다는 걸 알았다. 많은 사람이 자신의 죽음에 대해 생각하는 시대가 됐다. 하지만 죽음을 스스로 책임지고 결정하는 문화가 우리나라에 구축됐다고 보기는 어려운 상황이다. 일단 환자 중에 치료비를 자신의 능력으로 감당할 수 있는 사람이 많지 않다. 자녀들에게 간병과 경제적 도움을 받는 상황에서 오로지 자신의 의지에 따라 안락사 여부를 결정하는 건 힘들 수밖에 없다. 무의미한 연명의료

를 중단해달라며 제출된 사전연명의료의향서를 보더라도 환자 스스로 쓴 경우는 3분의 1에 불과하다. 나머지 3분의 2는 보호자의 합의에 따라 쓰였다. 이들의 연명의료 중단 결정이 과연 명확히 자발적인 것이었는지는 아직까지 의문스러운 부분이다.

윤영호 안락사 허용에 대한 논의를 시작해야 한다는 데는 동의한다. 하지만 안락사 허용은 시기상조다. 환자가 안락사를 요구하는 이유는 크게 네 가지로 나눌 수 있다. 병의 극심한 고통에 따른 육체적 요구, 심각한 우울증에 따른 정서적 요구, 간병 부담과 치료비에 따른 경제적 문제, 삶이 이대로 지속된다면 더욱 비참해질 것이므로 여기서 마치고 싶다는 존재론적 요구다. 이 중 육체적, 정서적, 경제적 문제는 사회가 해결해줄 수 있는 영역이다. 이런 문제 때문에 개인이 안락사를 선택한다면 그건 자율적인 선택이라고 볼 수 없다. 죽음을 선택할 수밖에 없게 몰아세운 사회 제도의 모순들을 우선 개선해나가야 한다. 그런 문제를 해결할 시스템이 갖춰지지 않은 상태에서 안락사가 허용되면 존엄사 제도가 정착하기도 전에 갑자기 안락사로 휩쓸려 갈 위험이 있다.

박지영 안락사 허용에 대한 논의가 정책으로 반영되고 제도화하는 데는 시간이 오래 걸리겠지만 논의 자체는 빨리 시작해야 한다고 본다. 윤교수가 말한 안락사를 원하는 네 가지 이유는 사실 자살의 이유이기도 하다. 이런 문제를 사회에 호소하거나 도움을 받지 못하는 사람들이 자살을 선택하는 것이고 이는 심각한 사회문

다비드의 1787년 작품 '소크라테스의 죽음'. 뉴욕 메트로폴리탄 미술관 소장

제라 할 수 있다. 실제 자살은 건강에만 국한된 문제만이 아니어
서 계속 생명을 유지하기가 어렵지 않은데도 불구하고 죽음을 선
택하는 건 분명히 막아야 한다. 중장년층의 그런 죽음을 생각해보
면 그것이 치료비나 간병 문제만은 아니다. 질병에 대한 의료적 판
단 이외에 당사자에게는 자신이 부모 역할이나 사회적 역할을 계
속할 수 있는가 하는 존재론적 문제, 자기 가치를 바라보는 문제
와 맞물려 있다. 존엄한 죽음이란 무엇인가에 대해 이야기할 때도
죽음을 앞둔 당사자의 입장, 가족이 기대하는 바, 사회가 생각하는
시각은 서로 다를 것이다. 각각 다른 시각들을 어떻게 묶을 것인
가. 이를 합의하는 과정에는 상당히 많은 시간이 걸릴 것이다. 그
런 의미에서 안락사에 대한 논의를 빨리 시작해야 한다고 본다.

좌담   277

신현호 의사 조력자살과 적극적 안락사를 도입하기에는 아직 시기상조라는 데 동의한다. 그러나 안락사를 허용하라는 여론이 높아진 만큼 논의를 시작할 적기라고 본다. 안락사는 의사가 직접 치명적 약물을 주입하는 적극적 안락사와 환자의 죽음을 인위적으로 앞당기고자 영양분 공급 등을 중단하는 소극적 안락사로 나뉜다. 그런데 어떤 경우에는 환자의 생명을 유지하고자 공급한 영양분이 암세포를 활성화하고 상태를 악화시키기도 한다. 이런 관점에서 보면 영양분 공급을 중단하는 소극적 안락사가 오히려 환자를 위해 필요할 때도 있다.

윤영호 우리 사회는 영양분 공급 중단에 대해 환자를 굶겨 죽인다는 선입견을 품고 있어 특히 받아들이기 어려워한다. 하지만 신 변호사의 말대로 영양분을 공급하는 게 환자에게 고통을 주는 등 해를 가하는 상황이 있다. 이럴 땐 공급을 중단하는 게 맞지만 현행법상 처벌 대상이라 그러지 못한다. 법 때문에 환자에게 비윤리적인 행위를 하는 것이다. 이는 공론화해야 할 지점이다.

안락사 허용에 대한 논의는 어떤 식으로 이뤄져야 하나.

윤영호 풀어가는 방식이 중요하다. 연명의료결정법의 시행 목적은 궁극적으로 존엄한 죽음을 가능하게 하는 것이다. 그런데 단순히 연명의료 중단에만 초점을 맞추다 보니 존엄한 죽음에 대한 논의의 토양을 마련하는 데 소홀한 실정이다. 안락사 허용에 대한 논의도 이런 식으로 진행돼선 안 된다. 안락사를 허용하는 것보다 사회적 돌봄을 충분히 받을 수 있는 환경을 마련하는 데 초점을 맞춰야 한다. 그래야 환자가 사회경제적 부담 때문에 삶을 마무리하려는 부작용을 막을 수 있다.

김명희 연명의료결정법도 20년에 걸친 논쟁 끝에 시행된 것이다. 무의미한 연명의료 중단을 원하는 목소리가 쌓이고 다양한 논의를 거쳐 입법화된 것이다. 안락사 허용 문제도 이런 과정을 충분히 거쳐야 한다. 사회적으로 준비되지 않은 상황에서 무리하게 제도 안으로 편입시키면 부작용이 생길 가능성이 크다.

신현호 안락사를 허용하는 네덜란드나 벨기에 같은 나라에선 의료가 거의 무상으로 이뤄지고 있다. 반면 우리나라는 개인이 부담해야 하는 의료비가 여전히 상당한 수준이다. 이런 상황에서 섣불리 안락사를 허용하면 결국 돈에 떠밀려 안락사를 선택할 가능성이 크다. 순수한 자기 뜻이 아닌데도 죽음을 선택하게 되는 것이다. 결국 사회 안전망을 우선 확보해야 한다.

안락사를 허용하는 것보다 사회적 돌봄을 충분히 받을 수 있는 환경을 마련하는 데 초점을 맞춰야 한다. 그래야 환자가 사회경제적 부담 때문에 삶을 마무리하려는 부작용을 막을 수 있다. _윤영호 교수

사회적 여건은 따지지 말고 안락사 허용에 대한 자신의 입장을 말해달라.

박지영 안락사의 필요성을 부정할 순 없다. 서울신문이 스위스에서 조력자살을 선택한 40대 한국인 남성의 사연을 보도했다. 이 남성이 단순히 통증과 고통만의 이유로 스위스행을 결정한 것은 아닐 것이다. 가장이라는 역할을 수행하기가 불가능해지고 삶의 이유를 찾지 못하는 등 존재론적 고민도 있었을 것이다. 육체적으로 극심한 고통에 시달리고, 의료적 해결 가능성은 거의 없고, 더는 인간다운 생활을 할 수 없다고 생각될 경우, 죽음을 준비하고 결정할 선택의 길을 제도적으로 열어주는 것은 아주 바람직하다고 생각한다.

윤영호 진통제로 환자의 고통을 완화할 수 있다면 적극적으로 사용해야 한다. 하지만 우리나라에선 이마저도 잘 안 되는 상황이다. 진통제로도 통증을 관리할 수 없고 의학적으로 다른 대안이 없다면, 스위스에서 시행되는 안락사의 한 형태인 의사 조력자살(physician-assisted suicide)에 대해 논의해봐야 한다고 생각한다. 물론 사전에 정밀한 시스템을 구축하는 일이 필수적이다.

김명희 안락사는 반대하지만 의사 조력자살에 대해선 찬성한다. 조력자살은 환자가 죽음을 결심하면 의사가 간접적으로 개입하는 형태다. 의사가 약물을 직접 주입하는 적극적 안락사나 영양 공급 등을 중단해 환자의 죽음을 인위적으로 앞당기는 소극적 안락사는 반대한다.

신현호 두세 달밖에 살 수 없고 신체가 썩어 문드러지는 극한의 고통을 겪는다면 의사 조력자살이 필요하다고 생각한다. 다만 본인의 순수한 결정에 따른 안락사가 가능하려면 사회적으로 충분한 돌봄을 받을 수 있는 여건이 갖춰져야 한다.

우리나라는 마약성 진통제를 처방하는 비율이 세계에서 가장 낮은 편에 속한다.

김명희 임종기 환자에게 통증을 완화할 목적으로 사용하는 약물이 모르핀 같은 마약성 진통제다. 우리나라 의사의 모르핀 사용률이 해외에 비해 많이 떨어지는 게 사실이다. 개선이 필요하다. 그런데 모르핀은 환자의 고통을 줄여주기도 하지만 과도히 사용할 경우 오히려 상태를 악화시킨다. 이런 일이 종종 의료 현장에서 문제가 된다. 모르핀을 처방했다가 환자가 사망하는 일이 생길 수 있으므로 의료진 입장에선 조심스러울 수밖에 없다.

신현호 한번 모르핀을 투여하면 한 달 뒤에는 18배나 많은 용량을 써야 같은 진통 효과를 낼 수 있다고 한다. 그만큼 내성이 강하다. 모르핀을 과도히 투여했다가는 죽음도 앞당길 수 있다. 이것이 법적으로 처벌할 대상인가에 대해선 논란이 있지만, 치료를 위해 모르핀을 투여했다가 죽음이 앞당겨지는 것에 대해선 책임을 묻지 않아야 한다는 게 형법 학계의 통설이다.

윤영호 국내 의료계에 모르핀을 도입한 지 벌써 15년 정도 됐다. 문제는 모르핀을 제대로 쓰고 있는지, 얼마만큼의 사용량이 적절한 수준인지에 대해 조사하거나 평가하지 않고 있다는 점이다. 과도히 쓰다가 호흡 곤란으로 환자가 사망에 이를 위험이 있지만 환자의 고통을 조절하기 위해 써야 할 필요가 있는 약물이다. 이제 정부가 나서서 현재 의료계에서 모르핀이 사용되는 상황을 파악하고 개선할 점을 판단해야 한다.

김명희 이 문제를 의사의 역할이란 무엇인가라는 주제와 함께 생각해볼 만하다. 의사란 무엇인가. 비정상적인 상태를 정상적인 것으로 돌려놓거나 유지시키는 걸 의사의 역할이라고 생각하지, 죽어가는 사람을 돌보는 일을 의사의 역할이라고 생각하지는 않는다. 노인들이 저녁 먹고 자다가 죽었으면 좋겠다, 그건 진짜 타고난 복이라고 말하듯이, 모든 사람은 죽어가는 과정이 있고 이를 힘들게 여긴다. 당연히 죽어가는 과정을 도와주는 의료진이 있어야 한다. 그런데 우리나라 의료계처럼 그런 과정에 인색한 집단이 없다. 그런 일은 의사의 역할이 아니라고 생각한다. 전혀 자신의 일이라고 생각하지 못한다. 나도 의대 다니면서 죽어가는 사람을 어떻게 보살피고 편안히 해줄 것인지에 대해 배우지도 경험하지도 못했다. 의료인이 되는 체계 안에 들어 있지 않은 내용이다. 지금의 의사들은 치료가 안 되면 거기서부터는 자신의 역할은 없다고 생각하는 이가 대부분이다. 호스피스와 완화의료에 관심을 갖는 의사는 정서적 민감도가 높은 일부일 뿐이다. 간호사와 사회복지사의 경우도 크게 다르지 않다. 사실 죽음은 누구나 겪는 보편적인 일인데도 우리 문화와 사회는 그런 인식이 부족하다. 정책을 만드는 사람이든 의사든 죽어가는 과정이 삶의 일부분이라는 것을 분명히 인식할 필요가 있다. 어떻게 하면 좋은 집에서 잘 먹고 잘 살지에 대해서만 관심을 갖지 결국 죽어가는 과정을 거쳐 죽을 때 잘 죽고 편안히 죽을지에 대한 고민이 없다. 죽어가는 과정이나 죽음이 우리 삶의 분명한 일부분이라는 것에 대한 인식을 사회 전반적으로 공유하는 것이 근본적으로 필요하다.

윤영호 사실 죽음의 과정을 돌보는 것도 의료 행위이고 의사의 일이다. 왜 그런 일을 의사들이 꺼리게 됐느냐 하면 바로 행위 중심의 수가(국민건강보험에서 받는 진료비) 체계와 관계가 깊다. 지금은 의료 수가의 높고 낮음에 따라 의료 행위가 되느냐 안 되느냐가 평가되는 게 현실이다. 결국 병원 수입에 얼마나 도움이 되느냐에 따라 모든 의료 행위가 결정되는 사회가 됐다. 의료 행위가 수가와 연결돼 성과 중심으로 움직이다 보니, 의료진은 성과를 내기 어려운 의료 행위를 기피하고 급기야 자신의 일이 아니라고 생각하게 됐다.

박지영 의사와 환자 간의 관계가 어떠해야 하는지에 대해서도 의사 교육 과정에 충분히 반영돼야 할 것 같다. 병원에서 의사들이 환자나 보호자에게 주는 정보도 제한적이지만 우선 일반인에게 의사의 언어는 이해하기 어렵다. 주위에서 연명의료 중단에 대해 담당의가 환자에게 직접 설명하는 것이 너무 부담스러워서 그 가족에게 담당의인 자기 대신 설명해달라고 부탁했다는 얘기를 들은 적이 있다. 이런 일들이 현실에서 너무 흔히 벌어진다. 정책 수립을 논하기 전에, 의료진이 죽음을 대하는 방식에 대해서부터 문화적, 인식적 측면에서 문제 제기를 할 필요가 있다. 환자 입장에서는 의료진이 '자, 바늘 들어갑니다' 하고 주사를 놓는 것과 '좀 아플 거예요, 참으세요' 하고 주사를 놓는 것은 다르게 다가온다. 나를 치료했던 의사가 연명의료 중단에 대해 어떤 방식으로 메시지를 전달하는가의 문제는 의료수가가 부여되는 반드시 필요한 의료 행위라 할 수 없지만, 한 인간의 생명과 삶, 죽음에 대한 치료자로서의 태도이고 가치의 반영이라 할 수 있다. 죽음은 제도와 법을 넘어서 문화와 가치와 결부돼 있는데, 그런 기반도 없이 죽음을 정책적으로만 접근하다 보니 여기서 큰 간극이 발생한다.

임종기 환자에게 가장 좋은 죽음은 내가 평소 자고 일어나던 침대에서 치료받고 일상을 영위하다 떠나는 것이다. 자신이 살던 곳에서 가족들의 손을 붙잡고 있다가 편히 떠나는 게 많은 사람이 원하는 죽음일 것이다. _신현호 변호사

우리가 존엄한 죽음을 맞을 수 있도록 국가와 사회가 해야 할 일은 무엇인가.

윤영호 연명의료 중단뿐 아니라 그런 과정, 삶을 어떻게 마무리해야 하는지에 대해 논의해야 한다. 법제화나 죽음에 대한 의사 결정에만 관심을 가질 게 아니라 그전에 인생을 정리하고 정신적인 삶을 어떻게 남길지 등 훌륭한 마무리에 대해 고민해야 한다.

박지영 존엄한 죽음에 대한 사회적 합의는 하나의 형태로 정리되지 않을 것이다. 나는 한 개인이 어떤 죽음을 맞이하든 사회적으로 부정되거나 거부되지 않았으면 좋겠다. 이를테면 훗날 안락사를 허용하는 법이 만들어지더라도 요건을 갖춘 사람 모두가 안락사를 선택하지는 않을 것이다. 사실 사회의 보호 시스템이 견고해지면서 개인의 자기 결정에 의한 죽음을 인정하지 않은 지 오래됐다. 공간 측면에서도 집에서 사망하면 경찰이 와서 조서도 작성해야 하고, 병원에 가서 사망진단서도 받아야 한다. 그렇더라도 개인마다 언제, 어디서, 어떤 방식으로 죽음을 맞고 싶은지에 대한 바람은 다를 수밖에 없다. 개개인의 욕구를 사회가 전부 인정할 순 없더라도 적어도 큰 테두리 안에서 개인이 맞고 싶은 존엄한 죽음을 선택할 수 있도록 해야 한다. 그게 안락사든, 존엄사든, 마지막 죽음을 맞이할 공간이 집이든 병원이든 그 죽음의 주체가 선택할 수 있어야 한다. 그런 점에서 연명의료결정법이 인간의 죽음 선택권을 강화했느냐는 앞선 물음을 다시 생각해보면, 강화한 것이 아니라 이제 비로소 우리가 삶의 마지막에서 어떤 죽음을 결정할 수 있어야 하는가에 대한 문을 연 정도라고 생각한다. 각자 생각하는 존엄한 죽음이 다르더라도 누군가의 선택을 쉽게 판단하거나 윤리적으로 비난하지 않는 게 중요하다. 오늘의 논의를 시작으로 앞으로 존엄한 죽음을 위해 우리가 생각하고 결정해야 할 것이 무엇인지 더 충분한 논의와 공감, 그리고 합의가 이뤄지기를 기대한다.

윤영호 무엇이 '좋은 죽음'인가 하면("아, 참 잘 돌아가셨다") 첫 번째 고통이 없어야 한다. 두 번째는 사회경제적인 측면에서 가족이나 자신에게 부담되지 않는 죽음. 마지막으로 살아오면서 지켜온 정신적, 물질적 유산을 잘 정리해서 나누고 떠나는 죽음. 물질적인 재산을 남기는 것뿐 아니라 삶의 의미 있는 순간을 기록하고 나눠줄 수 있어야 인간의 존엄한 존재적 가치가 지켜진다. 현재 우리나라는 사람들이 어떤 죽음을 맞아야 바람직한가에 대해 기본적 합의와 최소 조건을 이끌어내는 일이 시급하다. 또 존엄한 죽음을 맞을 수 있게 하려면 중장기적인 계획이 필요하다. 연명의료결정법도 정부가 5년마다 종합 계획을 수립하도록 하고 있다. 정부가 나서서 말기 환자에 대한 우리 사회의 돌봄이 얼마나 필요한지, 어느 정도 인력과 재정이 투입돼야 하는지 중장기적으로 설계해야 한다. 선진국 수준의 완화의료와 호스피스를 제공할 경우 무의미한 연명의료를 하는 비용의 20~40퍼센트를 절감하면서 존엄한 죽음을 확대할 수 있다.

그것은 죽고 싶어서가 아니다
논쟁으로 읽는 존엄사

2024년 7월 11일 1판 3쇄 발행
2020년 11월 13일 1판 1쇄 발행

지은이 유영규, 임주형, 이성원, 신융아, 이혜리
펴낸이 임후성 펴낸곳 북콤마
디자인 *sangsoo* 편집 김삼수
등록 제406-2012-000090호
주소 (413-756) 경기도 파주시 문발동 파주출판단지 534-2 201호
전화 031-955-1650 팩스 0505-300-2750
이메일 bookcomma@naver.com 블로그 bookcomma.tistory.com
ISBN 979-11-87572-27-5 03300

이 책에 인용된 작품 일부는 저작권자가 확인되는 대로 정식 동의 절차를 밟겠습니다.
이 책의 전부 또는 일부를 이용하려면 반드시 저작권자와 도서출판 북콤마의 동의를 얻어야 합니다.

ˏ BOOKCOMMA

이 도서의 국립중앙도서관 출판예정도서목록(CIP)은 서지정보유통지원시스템 홈페이지(http://seoji.nl.go.kr)와
국가자료종합목록 구축시스템(http://kolis-net.nl.go.kr)에서 이용하실 수 있습니다.
(CIP제어번호 : CIP2020046265)